하나님 이름을 아는 지식

하나님 이름을 아는 지식

지은이 | 김신일
초판 발행 | 2024. 4. 24
등록번호 | 제1988-000080호
등록된 곳 | 서울특별시 용산구 서빙고로65길 38 두란노빌딩
발행처 | 사단법인 두란노서원
영업부 | 2078-3352 FAX | 080-749-3705
출판부 | 2078-3331

책 값은 뒤표지에 있습니다.
ISBN 978-89-531-4839-0 03230

독자의 의견을 기다립니다.
tpress@duranno.com www.duranno.com

두란노서원은 바울 사도가 3차 전도여행 때 에베소에서 성령 받은 제자들을 따로 세워 하나님의 말씀으로 양육하
던 장소입니다. 사도행전 19장 8-20절의 정신에 따라 첫째 목회자를 돕는 사역과 평신도를 훈련시키는 사역, 둘째
세계선교(TIM)와 문서선교(단행본잡지) 사역, 셋째 예수문화 및 경배와 찬양 사역, 그리고 가정·상담 사역 등을
감당하고 있습니다. 1980년 12월 22일에 창립된 두란노서원은 주님 오실 때까지 이 사역들을 계속할 것입니다.

하나님 이름을 아는 지식

The Name of God ——— 풍성하고 견고한 신앙의 비결

엘 로이

엘 엘리온

엘 샤다이

아도나이

에수 그리스도

여호와 이레

김신일

두란노

목차

추천의 글

《하나님 이름을 아는 지식》은 저자의 첫 번째 책입니다. 저는 오랫동안 저자의 책을 기다려 왔습니다. 그 이유는 저자의 책은 저자의 하나님 사랑과 말씀 사랑을 보여 줄 것을 알기 때문입니다. 또한 저자의 삶 자체가 한 권의 책이 될 수 있음을 알기 때문입니다. 저자는 예수님을 닮은 선한 목자입니다. 영혼 구원의 열정을 가지고 목양 일심으로 살아온 목회자입니다. 저자는 오랫동안 이민자의 아픔을 품고 이민자들을 섬긴 목회자입니다. 지금은 모국으로 돌아와 한국 교회를 섬기는 목회자입니다. 저자는 지성과 감성과 영성을 갖춘 훌륭한 설교자이며 탁월한 영적 리더입니다.

이 책은 저자에게 아주 소중합니다. 그 이유는 저자가 사랑하는 하나님 이름에 관한 책이기 때문입니다. 또한 앞으로 저자가 출판하게 될 많은 책들의 씨앗과 같은 책이기 때문입니다. 이 책 속에는 하나님의 이름 안에 감춰진 하나님의 성품과 지혜와 능력이 담겨 있습니다. 하나님의 이름이 가르쳐 주는 풍성하고 견고한 신앙의 비결이 담겨 있습니다. 이 책은 우리를 하나님께로 이끌 것입니다. 이 책은 하나님을 알고 하나님을 경험하도록 만들 것입니다. 그래서 보석 같은 책입니다. 이 책은 우리를 변화시키는 거룩한 은총의 도구입니다.

저는 이 책을 하나님을 더욱 깊이 알고 사랑하기 원하는 분들에게 추천하고 싶습니다. 이 책을 하나님의 선하심을 맛보아 알기 원하는 분들에게 추천하고 싶습니다. 이 책을 변화와 성숙을 갈망하는 성도님들에게 추천하고 싶습니다. 이 책을 뿌리 깊은 성도가 되어 흔들리지 않는 견고한 신앙을 갖기 원하는 분들에게 추천하고 싶습니다. 또한 하나님의 이름을 배우고 가르치기 원하는 목회자들과 선교사님들에게 추천하고 싶습니다.

강준민 | LA 새생명비전교회 담임목사

목사의 설교 언어에서 그 방식과 특징은 사람마다 다르다. 설교 전달에서 발음의 구조가 분명하고 표현에 막힘이 없고 유머가 적절하고 그러면서도 복음의 중심이 분명한, 그런 설교자로서 김신일 목사님 같은 사람을 보지 못했다. 말이 그런데, 이번에 글을 보면서 말에서 다가오는 힘과 정이 거의 같은 정도로 다가왔다. 놀라운 일이다.

하나님의 이름은 구약과 신약을 꿰뚫고 흐르는 중심 주제다. 구약에서 가장 중요한 본문이 십계명인데, 거기서 여호와의 이름에 관한 명령이 심장이다. 신약에서 가장 중요한 본문이 주기도문인데, 거기서 아버지의 이름이 핵심이다. 독자들에게 주는 감동과 깨달음이 넉넉할 것이다. 말과 글을 통해 복음을 증언하는 저자의 삶을 응원한다.

지형은 | 말씀삶공동체 성락성결교회 담임목사

이 책의 지향성, 즉 하나님을 더욱 알고자 하는 열망은 프롤로그에서 선명하다. 믿음의 본질은 무엇을 해야 하고 무엇을 하지 말아야 하며, 종교적으로 어떤 게 옳고 그른지 판단하는 데 있기보다, 우리를 사랑의 관계로 초청하시는 하나님을 만나고 그분과 친밀한 관계를 누리는 것이다. 이를 깨달은 저자는, 마치 사랑에 빠진 모든 사람이 그러하듯, 그 '사랑의 하나님'을 더 깊이 알아가려는 열망에 휩싸인다. 이 책은 그 필연적 결과물이다.

이 책을 훑어보는 내내 믿음의 선진 두 분이 떠올랐다. 한 사람은 힘써 하나님을 알자고 호소한 호세아 선지자이고, 다른 한 사람은 믿음을 통해 인생 제반사의 해답을 보상 받는 게 아니라 하나님과 관계를 누리는 것이 최고의 선물이라는 사실을 깨우쳐 준 남아프리카공화국의 신약신학자 데이비드 보쉬(David Bosch)다. 이 시대 우리 곁의 한 목회자가 진솔하게 나누는 동일한 메시지가 한국 교회에 절실히 필요한 양약이라 믿으며 기꺼이 추천의 글을 쓴다.

정민영 | 전 국제위클리프 부대표

저자는 타고난 목회자다. 외모도 그렇고 내면도 그렇다. 어린아이들에게는 부모, 청년들에게는 친구, 어른들에게는 아들 같은 존재다. 따뜻하고 언제든 찾아가도 유쾌하고 최선을 다해 환대해 준다. 동시에 그의 내면은 아주 날카롭다. 목사로서 사역자의 정체성에 대해 고민하면서 교회의 본질에 대해서 끊임없이 탐구하고 말씀으로부터 배우고 세상으로부터 듣는 이중적 귀 기울임에 전념한다. 그리고 그것을 설교로 풀어낸다. 이 책은 세상 이곳 저곳을 돌고 돌아 다시 한국에서 목회를 하면서 그가 그동안 배우고 쌓아 온 내공을 풀어낸 것이다. 그의 첫 책이 하나님의 본질에 관한 것이어서 더욱 값지다. 책을 읽다 보면 저자가 전하는 하나님의 모습이 실제로 생생하게 내 앞에 나타난다. 하나님의 이름에 나타난 그분의 본질을 탐구한 저자의 수고가 이 책을 읽는 이들에게 큰 배움과 은혜로 다가올 것이다.

한철호 | 선교사·미션파트너스 상임대표

이 책은 김 목사님의 오랜 목회 경험의 축적물입니다. 침착하면서 주의 말씀에 순종하는 삶을 사는 김 목사님의 글을 보게 되어 감사합니다. 이 글은 복음을 증거하기 위한 설교자로서, 교회 공동체의 리더로서, 삶을 함께 사는 동료 그리스도인으로서 주님의 증인이 되고 그 증거를 통하여 주님이 원하시는 변화를 시작하고 싶은 불 받은 그리스도인으로서의 소망을 적은 글입니다. 주의 은총이 우리 가운데 실재로 임하시는 그 놀라운 순간들을 다양한 인간의 체험의 한복판에서 겸손하게 이야기하며 다시 확대 생산하고자 하는 기록들인 것입니다. 보고 계시는 하나님(엘 로이), 전능하신 하나님(엘로힘), 지극히 높으신 하나님(엘 엘리온), 풍성하신 하나님(엘 샤다이), 예비하시는 하나님(여호와 이레), 치료하시는 하나님(여호와 리파), 구원하시는 하나님(예수 그리스도), 주 되신 하나님(아도나이), 목자이신 하나님(여호와 라아)…. 이 책을 읽다 보면 우리의 찬양 중에 더 놀라운 주의 이름을 체험하게 될 것입니다. 이 책은 그것을 가능하게 합니다. 우리의 간증과 여러분의 뜨겁고 실재적인 체험 속에서 그리고 말씀이 녹아 있는 그 기적의 순간에서 우리는 주님을 만나게 됩니다. 이 뜨거운 경험을, 이 놀라운 찬양을 가능하게 만드는 이 책을 강력하게 추천합니다.

황덕형 | 서울신학대학교 총장

라디오를 통해 처음 그의 설교를 들었을 때의 감동을 잊을 수 없습니다. 낯선 목소리였음에도 불구하고, 탄탄한 내용과 엄청난 전달력은 듣는 이로 하여금 끝까지 집중하게 만드는 힘과 매력이 있었습니다.

이후 김신일 목사님은 제가 가장 믿고 신뢰할 수 있는 선배요 멘토가 되셨습니다. 목사님 주변에는 항상 웃음과 기쁨이 가득하며, 그의 따뜻한 성품과 포용력은 긍정적인 에너지를 발산합니다. 이러한 특성은 책에도 고스란히 녹아 있습니다. 그런 면에서 이 책의 진가는 작가

개인의 깊은 묵상과 연구를 넘어, 하나님을 지극히 사랑하는 한 제자의 여정에 담긴 진정성과 투명성이 결합된 지점에서 발견됩니다.

《하나님 이름을 아는 지식》의 출간을 진심으로 기쁘게 생각합니다. 이 책을 통해 저는 마치 최고의 선물을 받은 듯한 감동을 경험했습니다. 저자는 하나님의 다양한 이름에 담긴 의미와 성품을 세심하게 탐구하며, 그 속에 숨겨진 비밀을 친절하게 설명해 줍니다. 독자들은 이 책을 통해 하나님의 아름다움과 신비로움에 감탄하게 될 것입니다.

이 책이 널리 읽혀지기를 바랍니다. 하나님에 대한 갈망이 있는 이들에게 이 책은 영적 갈증을 해소해 줄 깊은 샘물이 될 것입니다. 삶의 고민과 질문을 가진 독자들에게는 '진리를 향한 나침반'이 될 것입니다. 이 땅에서 하나님을 아는 지식이 넘쳐 나기를 기대하며 이 책을 적극 추천합니다.

이상훈 | America Evangelical University 총장 · 《리폼처치》 저자

프롤로그

목회자로서 늘 품고 있던 고민이 하나 있습니다. 그것은 저를 포함하여 '우리가 왜 이렇게 잘 안 될까? 왜 이렇게 잘 안 변할까?'라는 것입니다. 설교도 하고 기도도 하고 심방도 하고 다 하는데, 우리는 욕심만큼 잘 변하지 않아요. 종종 안타까운 마음을 토로합니다. "이것이 하나님이 원하시는 것입니다. 우리 조금만 더 힘을 내 보십시다." 그런데 우리가 몰라서 안 하나요? 잘 안 되는 게 문제죠. 하여 우리는 종종 실망도 하고 또 의기소침해지기도 합니다.

어느 날 아내로부터 무척 의미 있는 바람 한 가지를 들었습니다. 설교를 듣는 청중의 입장에서 꼭 듣고 싶은 메시지가 있다는 것입니다.

"'이거 해라 저거 해라. 이게 맞고 저게 틀리다' 그런 설교도 좋지만 실은 하나님에 대한 이야기가 듣고 싶어요. 하나님이 어떤 분이신지를 설교해 주세요."

순간 아내가 옳다는 걸 깨달았습니다.

'아, 하나님은 이런 분이시구나. 그분은 이런 걸 기뻐하시는구나. 그분은 나에게 이런 걸 기대하시는구나.'

그분을 알게 되었을 때, 저에게도 적잖은 기쁨과 변화와 성숙이 따르곤 했습니다. 이후 아내의 부탁을 진지하게 고려하며 그 동일한 은혜가 제가 섬기는 강단에 있기를 기도했습니다. 문제는 방법이었어요. '어떻게 진행할까? 어떤 형식을 통해 하나님 그분을 이야기하는 것이 좋을까?' 무척 고심되었습니다. 왜냐하면 그 광대하신 하나님을 이야기하기에는 저의 지식과 경험과 언어가 부족하고 또한 혹시 있을지 모를 방법상의 실수로 인해, 자칫 그분의 영광을 가리게 될까 하는 두려움이 컸기 때문입니다. 그 위대한 모험을 하기에는 저의 부족함과 우둔함이 너무 컸어요. 하지만 하나님 그분의 선하심을 충분히 경험해 왔고 또 알고 있기에, 그분의 인도하심을 믿고 조심스레 용기를 내 보았습니다.

그 모험을 위해 우선 그분께서 행하신 일이나 사건을 가지고 이야기를 풀어 갈 수 있었습니다. 또 그분의 사랑, 긍휼, 자비, 거룩 등의 성품을 가지고 이야기를 진행할 수도 있었어요. 하지만 성경 속 그것들은 내용과 범위가 너무 넓고 또 많아서, 혹 설교자가 다루기 용이한 것만 선택하여 다룰 위험이 있었습니다.

어느 날 아주 우연히 제 책장에서 오랜 기간 자리해 오던, 심지어 누렇게 변색된 소책자 하나를 발견했습니다. 프리셉트 성경연구원에서 발행한 케이 아더(Kay Arthur)의 《하나님의 이름》이라는 성경 공부

교재였는데 하나님의 이름 16가지를 혼자서 공부할 수 있도록, 각 이름에 대한 간략한 설명과 문답들 그리고 그룹 성경 공부용 문답들로 구성되어 있는 책이었습니다.

무엇보다도 '하나님의 이름'이란 제목이 제 마음을 끌었습니다. 그래서 그 교재를 가지고 혼자 공부하면서 하나님의 이름 하나하나를 묵상해 보았습니다. 그러자 제 인생 여정에도 동일하게 담겨 있던 그분의 은혜, 동행, 증거, 음성, 사건, 사고 등이 더해지면서, 하나님의 이름이 더욱 확대되고 풍성해지는 것을 느꼈습니다. 동시에 제 안에 하나님의 이름이 우리 하나님을 이야기하는 데 최적의 도구요 틀이 될 것이라는 확신이 생겼습니다.

그렇습니다. 그분의 이름을 묵상한다는 것은 우선 그 이름이 드러나고 주어지게 된 특별한 사건과 상황을 가지고 씨름하는 것을 의미합니다. 그때 하나님의 성품과 기대가 드러나고, 그분이 좋아하시는 것과 싫어하시는 것이 분명해집니다. 또 그 사건과 상황에 연루된 여러 믿음의 선배들이 어떻게 하나님과 씨름하며 반응했는지도 볼 수 있게 되죠. 놀랍게도 그 작업을 진행하면서 저는 여러 번 성경의 상황 속으로 빨려들어 가는 경험을 했습니다. 제가 그 성경 속 인물이 되어 그 상황과 문제 앞에서 그들의 고민과 선택을 함께하는 것이죠. 심지어 어느 순간에는 제가 하나님의 입장이 되어, 성경 속 인물들의 씨름을 지켜보면서 여러 생각과 기대를 하기도 했습니다. 그러면서 깨달았어요.

'지금까지 내 인생의 여정도, 그 여정에 담긴 하나님의 이야기도,

나아가 내 목회 여정에서 함께했던 성도들의 인생들까지도 실은 성경의 이야기들 안에 이미 포함되고 또 참여하고 있었구나.'

그 순간 얼마나 행복했는지 모릅니다. 이후 성도들이 내가 경험한 것과 동일한 것을 경험하길 기도하며 설교를 준비했습니다. 저는 그 설교들을 통해 성도들이 '하나님의 이름을 알고 믿는다는 것이 오늘 나에게 무슨 의미가 있는가'라는 질문을 던지기 원했고, 그 해답을 함께 찾기를 바랐습니다. 그 결과 많은 성도가 "목사님, 제가 그 이야기 속에 들어가 있는 것 같았어요"라고 고백하는 것을 듣게 되었습니다. 매 주일 강단에 서는 것이 즐거웠고 기대가 되었으며, 더 많은 성도들이 자신의 이야기를 가지고 성경 속 이야기에 참여하길 기도했습니다. 실제로 성도들이 자신의 간증을 가지고 설교에 참여하기도 했고, 모든 설교를 마친 날 해당 내용으로 전 교우 성경퀴즈 대회를 열기도 했습니다. 의도는 하나였어요. 어떻게든 성도들이 하나님을 알고 배우기 위해 자신의 삶을 가지고 그분의 이야기에 참여하도록 하는 것이었습니다.

이제 그 즐거운 작업을 이 작은 책자를 통해 또 한 번 시도해 보려 합니다. 의도는 같습니다. 여러분은 성경 속 사건과 상황을 통해 드러나는 우리 하나님의 이름을 묵상하시되, 자신들의 이야기를 가지고 성경 속으로 들어오기를 바랍니다. 기독교 역사와 전통, 특별한 상황, 교회 공동체와 여러분이 경험한 하나님까지 모두 그 하나님을 묵상하고 알아 가는 데 선한 재료들로 사용하십시오.

순간 여러분은 그동안 미처 보지 못했던 하나님의 광대하심과 영광스러움을 더욱더 보고 알고 놀라고 찬양하게 될 것입니다. 부족하지만 제가 바로 그 놀라운 일의 증인입니다.

저는 실향민의 자녀로 인천에서 태어나고 자라는 동안 한 번도 떠남을 경험해 보지 못했습니다. 그러던 제가 목회자로 살게 되면서 구도자가 되고, 순례자가 되고, 디아스포라가 되었습니다. 성경의 인물들이 그랬던 것처럼, 저 또한 강원도 대관령과 태백, 캐나다 캘거리, 미국 켄터키, 텍사스, 캘리포니아 등에서 학업과 사역을 진행하면서 하나님에 대한 큰 느낌표를 붙잡는 소중한 경험들을 하게 되었습니다. 그리고 그 경험들은 모두 하나님의 이야기 속에 그대로 참여하는 재료들이 되었습니다. 그때는 몰랐습니다. 그러나 이제는 압니다. 모든 것이 하나님의 은혜였습니다.

간절히 기도하기는, 이 책을 통해 그분의 놀라운 이야기에 함께 참여하면서, 그분의 이름 속에 담긴 하나님의 성품, 역사, 기대, 축복 등을 앎으로 여러분 안에 실제적인 믿음의 확장이 일어나기를 바랍니다. 이를 위해 여러분의 이야기와 경험을 가지고 각 장의 이야기에 참여해 주십시오. 함께 질문하고, 고백하고, 감탄하고, 결단하고, 찬송하고, 새 도전의 길을 떠나십시오. 우리의 전통, 역사, 경험, 상황, 환경, 교회, 목회, 가정… 모든 이야기가 그분의 넉넉한 존재 안에서 그분의 이야기를 구성하고 드러내는 훌륭한 재료가 될 것입니다. 이 작은 책자가 여러분의 그 영광스러운 여정에 하나의 징검다리로 사용될 수 있다면 참으로 기쁘겠습니다.

감사할 분들이 너무 많습니다. 결혼이라는 모험을 떠나며 대관령으로, 태백으로, 캐나다로, 미국으로, 그 숨가쁜 여정을 함께 감행해 준 아내, 동료, 헌신자, 친구인 유선희에게 진심으로 감사합니다. 그 여정에 동반자요 목격자가 되어 준 은진과 하용, 수진과 마이클 그리고 성현에게도 아낌없는 사랑과 감사를 전합니다. 그뿐인가요? 그 모든 가슴 벅찬 이야기의 장이 되어 준 대관령교회, 태백동부교회, 캘거리제일교회, 달라스연합교회, LA유니온교회 그리고 김해제일교회의 공동체, 친구들, 동역자들에게 큰 빚을 졌습니다.

고집스러운 후배의 책 출간을 끝까지 독려하며 격려해 주신 강준민 선배님 그리고 중요한 순간마다 귀한 멘토 역할을 감당해 주신 정민영 선교사님, 26년 디아스포라의 삶을 뒤로하고 다시 고국을 향해야 했던 이유 중 하나인 사랑하는 아버님 김병순 장로님과 어머님 고김영숙 권사님, 무엇보다도 가장 사랑하는 나의 주, 나의 하나님….

그분을 향한 모험과 탐구는 오늘도 여전히 지속되고 있고, 영원히 계속될 것입니다. 모든 인생과 내 인생의 가장 멋진 피디이신 주님께 감사와 찬송과 영광을 돌립니다.

2024년 4월

김해에서 김신일

The Name of God

1장.
보고 계시는 하나님, 엘 로이

| 창 16:1-16 |

설교 영상

인생을 사는 두 가지 방법

시편 20편의 말씀은 인생을 사는 두 가지 방법을 말하고 있습니다. 첫째는 '병거 혹은 말을 의지하며 사는 방법'이고, 둘째는 '하나님의 이름을 자랑하는, 즉 그분의 이름을 의지하며 사는 방법'입니다. 전자는 인생에서 어려운 일을 만날 때 보호받고 피하기 위한 수단으로 병거와 말, 다시 말해 힘이 될 것이라 여겨지는 사람이나 방법을 의지하는 것입니다. 후자는 보다 근원적인 도움과 안전함을 얻기 위해, 사람이 아닌 하나님 그분을 의지하는 방법입니다.

이런 질문을 해봅니다. "그런데 우리는 어째서 '입술로는 하나님만이 나의 피난처요 산성이요 피할 바위가 되십니다'라고 말하면서도 실제로는 이 세상에 있는 병거와 마병들에게로 먼저 달려가곤 하는 것입니까?" 그것은 저와 여러분이 우리가 믿는 하나님이 어떤 분이신지 잘 모르기 때문입니다. 그분이 저기 계시다는 것은 압니다. 하지만 그분이 실제로 어떤 분인지는 잘 몰라요. 그래서 먼저 그분께 달려가지 않는 것입니다.

여기에 하나님의 이름을 통해 그분을 알아 가기 위한 여정을 떠나는 이유가 자리합니다. 그것은 우리의 하나님을 더 알기 위해, 하나님에 '대해서'가 아니라 '하나님' 그분을 더 알게 되기를 기대하기 때문입니다. 이 여정을 통해 하나님의 은혜와 그분을 아는 지식에서 점점 더 자라나는 우리가 되기를 바랍니다.

우리가 그 여정을 위해 하나님의 이름을 렌즈로 삼은 이유가 있습니다. 그것은 그분의 이름 속에 그 이름이 드러나게 된 사건과 거기서 나타나는 그분의 성품 그리고 당신의 백성인 우리를 향한 기대와 바람이 모두 담겨 있기 때문입니다. 하나님의 이름을 아는 것이 그래서 중요합니다. 그 점을 염두에 두고, 첫번째 하나님의 이름 '엘 로이, 보고 계시는 하나님'을 만나 보겠습니다.

하나님, 보고 계십니까?

여러 해 전, 텍사스주 달라스에서 부목사로 함께 섬기던 분이 어느 장로님의 이야기를 해주었습니다. 원래 직업군인이던 그분은 충성스럽게 주님을 섬기던 중 장로로 피택이 되었고, 모든 준비 과정을 마친 후 마침내 장로 안수를 받게 되었습니다. 하지만 안타깝게도 그다음 날, 갑자기 중풍이 와서 반신불수가 되어 20년간을 누워 지내게 되었습니다.

어느 날 심방을 간 목사님께 장로님이 이렇게 말했습니다. 소원이 있는데, 첫째는 자신의 발로 예배당에 걸어 들어가는 것이고, 둘째는 또렷한 목소리로 주일 대표 기도를 하는 것이며, 셋째는 교회 화장실 청소를 하는 것이고, 넷째는 두부를 직접 만들어 성도들에게 대접하는 것이었습니다.

저는 장로님의 소원을 전해 들으면서 오늘 우리가 평범하게 누리는 것들이 얼마나 귀한 것들인지 새삼 깨닫게 되었습니다. 그리고 그분의 사정이 무척 안타까웠습니다. 생각해 보십시오. 교회의 장로로 세워지는 일이 얼마나 귀하고 영광스러운 일입니까? 그분의 마음이 얼마나 설렜겠습니까? 그런데 장로가 된 바로 다음 날, 반신불수의 몸이 되었으니 얼마나 마음이 힘드셨겠습니까? 이야기를 듣는데 가슴이 막 아려 왔고, 제 안에서 이런 질문들이 올라왔습니다.

"하나님, 어떻게 그러실 수가 있습니까? 하나님, 그분의 그 안타까운 형편을 알고 계십니까? 보고 계십니까? 그분 마음의 그 절절한 소원들을 알고 계세요?"

어떻게 생각하십니까? 정답은 '그렇다'입니다. 하나님은 그 장로님을 포함하여 우리 인생의 어려움을, 절망을, 외침을, 또 의심을 다 알고 계십니다. 보고 계십니다. 왜냐하면 그분은 보고 계시는 하나님, 감찰하시는 하나님, 나를 살피시는 하나님, '엘 로이'이시기 때문입니다. 한번 되뇌어 보십시오. "보고 계시는 하나님, 엘 로이."

하갈의 곤고함

창세기 16장에는 인생의 곤고함 속에서 처절히 절규하는 한 여인이 등장합니다. 그녀의 이름은 하갈입니다. 물론 본문에는 또 다른 주인공 아브람과 사래도 등장해요. 아브람은 75세에 하나님으로부터 약속의 후사를 약속받았지만, 아직까지 아들을 얻지 못했습니다. 기다리다 지쳤는지 당시의 풍습을 따라 인간적인 방법을 동원합니다.

사래가 아브람에게 이르되 여호와께서 내 출산을 허락하지 아니하셨으니 원하건대 내 여종에게 들어가라 내가 혹 그로 말미암아 자녀를 얻을까 하노라 하매 아브람이 사래의 말을 들으니라 |창 16:2|

언제부터 그렇게 말을 잘 들었다고 아브라함이 그 말을 잘 듭습니다. 사래에게 하갈이라는 애굽 출신의 여종이 하나 있는데, 자기 대신에 자녀를 낳게 하자는 것이었습니다. 이때부터 그녀의 비극적인 이야기가 시작됩니다. 사실 하갈의 인생은 전적으로 수동태였습니다. 아브람과 하갈이 동침한 것은 누구의 계획이었습니까? 여주인 사래의 계획입니다. 아들을 얻기 위해서요. 그때 여종 하갈에게 선택권이 있었을까요? 없었습니다. 그녀는 종이니까요. 하루하루의 생명과 인생의 궤적이 주인의 뜻에 따라 결정되는 여종입니다. 하여 그녀는 주인의 명에 따라 아브람에게 들어갔고 결국 그의 아이를 갖게 됩니다.

물론 이 이야기 속에는 하갈의 실수도 자리합니다. 아이를 갖게 되자 자신이 종이라는 사실을 깜빡 잊고서 그만 주제넘는 행동을 한 겁니다.

그가 자기의 임신함을 알고 그의 여주인을 멸시한지라 | 창 16:4 |

하갈이 분위기 파악을 못한 거죠. 가뜩이나 여주인의 신경이 곤두서 있는 상황 아닙니까? 그런데 자신이 아기를 가졌다는 사실을 믿고 주인을 멸시합니다. 사래가 볼 때는 정말 기가 막히죠. 집안이 시끄러워집니다. 남편을 원망하기 시작해요. "당신이 그렇게 잘해 주니까 하갈이 나를 무시하지, 나는 억울해. 억울해." 완전 막장 드라마죠. 그런데 아브람은 홀로 살길을 찾습니다. "아니 왜 나한테 그래? 당신 몸종이니 맘대로 해." 그렇지 않아도 질투심에 이성적 판단을 하기 어려운 상황에서 남편이 자기편을 드니 사래가 힘을 냅니다. '옳거니' 하며 여종을 학대합니다. 분위기를 보니 그녀를 혹독히 다루며 못살게 굴었던 모양입니다.

하갈이 사래 앞에서 도망하였더라 | 창 16:6 |

하갈이 극단적인 방법, 가출을 선택합니다. 그리고 그 험한 광야 길을 헤매다가 그만 최악의 상황을 만난 것입니다. 갈 곳이 마땅치 않아요. 어디가 어딘지 잘 모르겠어요. 게다가 홀몸도 아니었습니다. 그러니 하갈이 얼마나 곤고했을까요? 외로움, 두려움, 원망, 분노, 절망, 자학… 그 모든 것이 와락 그녀를 삼키려 듭니다.

보고 계시는 하나님, 엘 로이

바로 그때 하나님께서 하갈에게 다가오셨습니다.

여호와의 사자가 광야의 샘물 곁 곧 술 길 샘 곁에서 그를 만나 이르되 사래의 여종 하갈아 네가 어디서 왔으며 어디로 가느냐 그가 이르되 나는 내 여주인 사래를 피하여 도망하나이다 | 창 16:7-8 |

하나님은 지금, 이 불쌍한 여종을 알고 계셨습니다. 그녀의 이름도 아셨습니다. 그녀가 왜 도망을 했는지도, 또 지금 갈 바를 모르고 광야를 헤매고 있는 것도 다 지켜보셨습니다. 하여 추적해 오셔서 그녀에게 말씀하시되 놀라운 약속을 주십니다.

네 여주인에게로 돌아가서 그 수하에 복종하라… 내가 네 씨를 크게 번성하여 그 수가 많아 셀 수 없게 하리라 여호와의 사자가 또 그에게 이르되 네가 임신하였은즉 아들을 낳으리니 그 이름을 이스마엘이라 하라 이는 여호와께서 네 고통을 들으셨음이니라 | 창 16:9-11 |

하갈의 삶의 비극 한가운데 오셔서 스스로를 드러내신 하나님, 그분이 바로 '엘 로이' 하나님이십니다.

하갈이 자기에게 이르신 여호와의 이름을 나를 살피시는 하나님이라 하였으니 이는 내가 어떻게 여기서 나를 살피시는 하나님을 뵈었는고 함이라 | 창 16:13 |

하갈은 그날 자기를 살피시는 하나님, 자신의 곤고함을 보고 계시는 하나님을 만났습니다. 그리고 그 이름을 힘입어 다시금 여주인 사래에게로 돌아가 인고의 세월을 견뎠고 마침내 아들 이스마엘을 얻습니다.

오늘 우리의 관심이 여기에 있습니다. 물론 그녀는 아직 하나님이 누구신지 잘 몰랐습니다. 그녀는 아직 그분의 이름을 불러 본 적도 없습니다. 그러나 우리 하나님은 이미 그녀의 형편과 마음과 인생 여정을 다 보고 계셨고 알고 계셨습니다. 왜냐하면 그분은 '엘 로이의 하나님, 보고 계시는 하나님'이기 때문입니다. 그분은 다 보십니다. 그분은 다 아십니다.

여러분은 하나님이 진실로 오늘 여러분의 인생과 그 여정을 다 '보고 계시는 하나님'이심을 믿습니까? 하나님이 나의 단정한 모습뿐만 아니라 치열한 삶의 현장에서 이런저런 문제로 씨름하는 모습까지도 다 보고 계시고 알고 계시는 분임을 믿습니까? 그분은 오늘 우리의 형편, 곤고함, 우리의 기쁨과 슬픔, 우리의 실패, 분노, 우리의 의심, 나아가 우리의 절규를 다 보고 계십니다. 그분은 '보고 계시는 하나님, 엘 로이'이십니다.

이제 묻습니다. 오늘 여러분이 하나님을 엘 로이시라 고백한 사실은 내 삶에 구체적으로 어떤 의미가 있습니까? 세 가지를 생각해 보겠습니다.

곤고함 중의 인내

가장 먼저, '엘 로이, 보고 계신 하나님'을 믿는다는 것은 우리가 특별히 어려울 때 인내할 수 있게 해줍니다. 곤고한데 인내할 수 있어요. 왜요? 그분이 보고 계시니까요.

믿음의 여정을 걷다 보면 종종 어려운 일들을 만납니다. 하갈처럼 인생의 큰 산을 만나기도 하고 죄와 허물로 인해 넘어지기도 합니다. 하나님을 너무 멀리 떠나 있다는 생각이 들기도 하고 기도했으나 아무 일도 일어나지 않아 '기도가 다 무슨 소용이람?' 의심하기도 합니다. 우리의 인생에는 분명 쉽지 않은 시간들이 다가와요. 교회를 섬기다가 별일을 다 겪기도 합니다. 말로 설명이 안 되는 일도 겪고 신비한 일들을 만나기도 하죠. 주일이면 "목사님, 저 시험 들었어요. 힘들어요. 저 건드리지 마세요"라고 얼굴에 쓰여 있는 분들을 종종 봅니다.

오늘 인생의 이런저런 어려움 가운데 계십니까? 실패의 충격 속에 계십니까? 배신을 당해 실망이 크십니까? 이용당해 속상하십니까? 중병을 앓는 가족으로 마음이 힘드십니까? 혹은 교회 공동체를 섬기다가 시험에 드셨습니까? 기도해야 한다는 것은 알지만 별로 하고 싶지도 않고, 기도할 힘도 없습니까?

그때에 '엘 로이의 하나님, 보고 계시는 하나님'의 이름을 기억하고, 그 이름에게로 달려가시기 바랍니다. 틀림없어요. '하나님, 그분이 나를 보고 계시지' 하면, 그 순간 하늘에서 오는 위로와 평강이 내 삶에 임합니다. 그러면 인내할 수 있어요. 그분이 아시니까요. 순간 우리는 정작 무엇이 중요하고, 무엇이 덜 중요한지를 금방 분별할 수 있게 됩니다. 삶의 우선순위가 정리돼요. 놓아야 할 것과 붙들어야 할 것들이 바로 드러납니다. 어째서요? 하나님이 보고 계시니까요.

오래전 섬기던 교회에 장로님 한 분이 계셨습니다. 오랜 기간 시무 장로로 잘 섬기다가 몇 주 후면 원로 장로로 추대받기로 되어 있었습니다. 그런데 어느 날 마음이 크게 상하셨어요. 교회 식구들에게 이런저런 이야기를 들으면서 섭섭한 마음이 생기신 겁니다. 섭섭병에는 약이 없다더니, 장로님이 "나 원로 장로 추대 안 받겠습니다" 선언하고는 마음 문을 닫아 버리셨습니다. 그러니 교회 분위기가 얼마나 썰렁해졌겠습니까? 전화도 드리고, 찾아도 가고, 빌어도 보고, 달래도 보고 다 했는데, 꽁꽁 걸어 잠근 마음 문을 열지 않으셨습니다. 급기야 한두 주 교회도 안 오시고, 다른 교회에 가서 예배를 드리셨습니다.

그런데 어느 한순간에 거짓말처럼 마음을 바꾸셨습니다. 바로 이 하나님의 이름, '엘 로이, 보고 계신 하나님'에 대한 말씀을 듣다가 "아, 하나님이 보셨지? 하나님이 아시지? 에이… 그러면 뭐" 깨달으시곤 섭섭하고 상한 마음을 풀어 버리신 것입니다. 그러자 그 큰 문제가 너무도 쉽게 해결되었고, 결국 그 시험을 잘 통과하셨습니다.

도망갔던 하갈이 그날 어떻게 해서 다시 사래에게로 돌아갈 수 있었을까요? 틀림없습니다. '나를 보고 계신 엘 로이의 하나님' 그분을 만났기 때문입니다. '그분이 나를 보시는구나. 그분이 아시는구나. 그러면 뭐…' 하면서 주인에게 돌아간 겁니다. '보고 계시는 하나님, 엘 로이의 하나님'을 정말로 믿으면, 그분이 보고 계시니까 또 그분이 알고 계시니까, 우리는 오늘의 어떤 곤고함도 인내로 감당할 수 있습니다.

끝까지 충성

'엘 로이, 보고 계신 하나님'을 믿으면 둘째, 끝까지 충성할 수 있습니다. 교회에서 직분을 맡아 주님과 교회를 열심히 섬기다 보면 별일을 다 만납니다. 그로 인해 서운하기도 하고 마음이 상하기도 하고, 그래서 딱 한 달만 방학하면 좋겠다는 마음이 들기도 합니다. 또 연말이면 '내년에는 이 사역 좀 내려놓고 편안히 예수 믿으면 좋겠다'는 생각도 하고요. 쉽게 말해 때려치우고 싶은 마음이 드는 겁니다.

그러나 우리는 압니다. 그게 제일 쉬워 보이지만 가장 좋은 방법은 아니라는 것을요. 그런데 그때 '보고 계시는 하나님, 엘 로이'를 향한 믿음을 새롭게 하면, 끝까지 충성할 수 있게 됩니다. 목회자로 살다 보니 어떤 사람이 훌륭한가 하면 변함없는 분들입니다. 신실한 분들입니다. 비가 오나 눈이 오나 늘 그 자리를 지켜 내는 충성스러운 분들, 그분들이 참 훌륭하세요. 그런데 이 충성에는 비결이 있습니다. 바로 그분의 시선을 의식하는 것입니다. 그때 충성할 수 있어요. 그것이 바로 '보고 계시는 하나님, 엘 로이'를 믿을 때 일어나는 기적입니다.

사무엘상 25장에는 무척이나 흥분해 있는 다윗이 등장합니다. "다윗? 그가 누군데? 요즘 주인한테서 뛰쳐나오는 종들이 많다며?" 의적(義賊)으로 살아가던 다윗과 그 일행을 도적 떼로 취급하며 모욕하던 나발을 향해, 다윗은 이를 갈며 복수를 다짐합니다. "내 이 모욕을 피로써 갚으리라." 나발은 이제 죽은 목숨이나 다름없습니다. 그런데 아비가일이라는 여인이 다윗을 막아서며 이렇게 말해요. "다윗이여 참으시옵소서. 이것은 하나님의 사람인 당신이 할 일이 아닙니다. 당신이 누구입니까? 당신은 하나님의 아름다움이 담겨 있는 사람이 아닙니까?" 순간 다윗이 정신을 차립니다. '아, 그렇지 이건 내가 할 행동이 아니지. 나는 하나님의 기름 부음을 받은 사람인데, 내가 이 정도의 일로 하나님의 사람다움을 포기할 수 없지. 오늘 내 인생을 움직이는 이유, 그것은 하나님의 시선이어야 하지.'

그 순간 다윗이 보고 계시는 하나님의 시선을 의식한 것입니다. 하여 다윗은 미련한 사람 나발을 그냥 두고, 자기에게 맡겨진 일을 행하며 나아갑니다. 그래서 그 삶의 흐트러짐을 막을 수 있었어요. 그뿐 아니라 다윗은 압살롬의 반역으로 피난길을 갈 때 자신을 저주하고 빈정대던 시므온을 그냥 둡니다. 심지어 교활한 종 시바까지도 그냥 내버려둡니다. 힘이 없어서였을까요? 아닙니다. 지금 하나님께서 그의 모든 형편을 보고 또 알고 계심을 다윗이 믿었기 때문입니다. 다윗은 그런 식으로 충성되이 자신의 길을 가며 주변의 모든 이들을 선대합니다. 그러자 결국 나발과 시므온은 하나님께서 다루셨습니다. 이처럼 우리 하나님이 '엘 로이, 보고 계시는 하나님'이라는 사실을 믿는 이들은, 일마다 사람마다 자기 성질대로 반응하지 않습니다. 대신에 묵묵히 그 대적자와 훼방자들을 선대합니다. 그리고 결국 선으로 악을 이겨 냅니다.

혹시 오늘 인생의 어려움을 만났습니까? 여러분을 힘들게 하고 상처를 주는 이들을 마주해야 합니까? 여러분의 헌신과 섬김을 멈추게 하는 일이 있습니까? 하나님 나라의 가치를 따르는 일에 회의감이 들도록 하는 그 일 말입니다. 권합니다. 엘 로이, 보고 계시는 하나님의 이름을 붙드십시오. 그리고 오히려 그 어려움과 상처를 가져오는 일과 사람을 선대하십시오. 그리스도인에게는 다른 방법이 없어요.

사도행전 6장에는 부흥하던 예루살렘 교회가 구제하는 일로 갈등을 빚는 이야기가 나옵니다. 구제는 너무도 당연한 교회의 사역입니다. 그런데 그 사역을 잘하다가, 중간에 섬김의 방식을 두고 갈등이 생긴 거예요. 헬라파 유대인들이 히브리파 유대인들에 대해 "어, 이거 차별 아니야? 불공평한데?"라고 불평하기 시작했습니다. 이때 예루살렘 교회는 "구제하다가 문제가 생겼으니 우리 그 사역 그만하자. 안 하면 골치도 안 아프잖아" 할 수도 있었지만 그러지 않았습니다. 대신에 교회는 그 문제를 공개적으로 정직히 다루고, 성령과 지혜가 충만한 일곱 집사를 택해 사역을 재분배한 후, 사도들로 하여금 본질적인 사역에 더욱 집중하게 함으로써 그 문제를 정면 돌파했습니다. 이후 교회는 더 큰 부흥의 파도를 타기 시작했습니다.

지금껏 잘해 오다가 섭섭한 마음이 들어 '에잇, 이제 나 안 해' 한 적이 있습니까? 한 달 두 달 섬김을 멈춘 것이 순식간에 수년이 되지 않았습니까? 처음에는 그 멈춤이 어색했지만, 이제는 섬기지 않아도 별 탈이 없는 것 같고, 한편으로는 편하기도 해서 여전히 쉬고 있지 않습니까? 마침 누군가가 마음에 콕 박히는 말을 해서 손을 놓아 버린 것이죠. 도망친 하갈의 모습과 같습니다. 예수를 믿다 보면 속이 상하기도 하고, 배신감도 들고, 회의감이 들기도 합니다. 하지만 그날의 하갈처럼 엘 로이 하나님과 시선을 마주치기를 바랍니다. '앗, 하나님이시다. 그분이 나를 보고 계셨다. 에이, 그러면 뭐. 그분이 아시는 데 뭐. 그분이 보셨는데 뭐' 하고 아무 일도 없었던 것처럼 '다시 그 자리로' 돌아가시기를 바랍니다. 엘 로이, 보고 계신 하나님의 이름을 믿으면, 우리는 모두 끝까지 충성할 수 있습니다.

믿음의 기도

'엘 로이, 보고 계시는 하나님'의 이름을 믿으면, 셋째 소망이 없어 보이는 상황에서도 끝까지 기도할 수 있습니다. 힘드십니까? 포기하고 싶으세요? 그래서 다 내려놓고 싶으십니까? 그때 포기하지 마시고 은밀한 중에 우리의 기도를 보고 들으시는 하나님께 기도하십시오. 그분은 엘 로이의 하나님, 다 보고 계시는 하나님이십니다.

2008년 12월의 어느 날, 저는 하나님께 큰 기도 응답을 받았습니다. 중요한 것은 그때까지 저는 그 기도가 10여 년 전인 1997년 봄에 시작된 줄 알았다는 것입니다. 당시 저는 대학원 졸업과 동시에 목사 안수를 받게 되었고, 자연히 이후 인생의 진로를 놓고 삼각산에서 소위 산기도를 하게 되었습니다. 산기도는 '하나님과의 진검승부'라고도 하죠. "답답하고 컬컬하면 산에 올라가 소나무 뿌리를 하나 뽑아"라고 목사님들이 말씀하시곤 하셨거든요. 제가 아쉬우니까 금요일 밤마다 능력봉이라 불리는 산꼭대기를 오르내렸어요.

초봄의 삼각산 꼭대기는 몹시 춥기 때문에 올라갈 때부터 단단히 준비를 합니다. 일단 철물점에 가서 김장 비닐을 넉넉히 끊어 주머니 안에 접에 넣고서 올라갑니다. 꼭대기에 오르면 비닐의 한쪽 끝을 묶고 그 안을 열어 그 속에서 기도하는 겁니다.

그러면 하나도 안 추워요. 한참을 기도하다 보면, 그 입김과 몸의 열기 때문에 비닐 안에 서리가 앉고 서걱서걱댑니다. 그래도 "주여~ 주여~"하며 밤새워 기도하는 거예요.

삼각산에 올라가 보면 신비한 분들이 정말 많습니다. 어떤 분은 산꼭대기에 서서 밤새도록 성경 말씀만 외워요. "태초에 하나님이 천지를 창조하시니라…." 속으로 답답해했던 기억이 있습니다. 몇 시간을 해도 아직 출애굽기도 못 갔어요. 부부가 함께 기도하던 분도 있었는데, 남편이 "의" 하면 아내는 "쌰"를 밤새 반복하는 겁니다. "의쌰, 의쌰, 의쌰…." '아 저분들은 아들이 의사 되는 게 소원인가 보다' 하며 혼자 웃던 기억이 납니다.

저도 그 사이에 끼어서 부르짖었습니다. "주여, 제가 이제 목사 안수를 받고 돌아올 수 없는 강을 건너는데, 제 인생은 아버지의 것이니 제 앞길을 인도하여 주옵소서. 마음껏 사용하옵소서. 주님 쓰시기에 합당한 종으로 빚어 주시옵소서." 정말 간절히 기도했어요. 마침내 목사 안수를 받던 그 주간이었습니다. 그날은 분위기가 좀 특별했습니다. 날씨도 포근하고, 산세도 달라 보였습니다. 산꼭대기에 올라 한참 기도를 하는데 제 앞에 산비둘기들이 날아다니다가 앉았는데, 세어 보니 모두 일곱 마리였습니다. 어쩐지 특별했어요.

"주님, 저 이제 단독 목회도 마쳤고, 대학원도 졸업했고, 목사 안수도 받았으니, 혹 가하시면 저에게도 유학의 기회를 열어 주십시오. 제가 열심히 하겠습니다."

그때 하나님께서 제 마음속에서 이렇게 물으셨습니다.

"그래? 알았다. 그러면 내가 유학은 보내 주겠는데, 그 이유를 나에게 말해 보렴?"

제 마음속에 자리하고 있던 의도가 순전한 것인지 아닌지를 확인하시는 질문이었습니다. 지금도 기억합니다. 순간 저는 28세의 초짜 목사가 할 수 있는 가장 순전한 답을 올려 드리려 노력했습니다. "주님, 한 번 사는 인생인데 넓은 세상에 가서 공부하는 기회를 얻고 싶습니다. 그러나 약속드리는데, 제가 그 공부를 가지고 제 일생의 영달을 위해서 사용하지는 않겠습니다. 절대로 제가 그 학위로 여타한 폼도 재지 않을 거고, 제 이력서에 한두 줄 더 써 넣으려고 공부하지 않겠습니다. 오직 하나님나라를 위한 선한 도구로 사용할 공부를 하려고 하니, 주님 그 일을 준비하는 학업을 하게 해주십시오."

진지하게 산기도를 마치고 산을 내려왔는데 "따르르르릉~" 전화가 걸려왔습니다. 캐나다에서 온 전화였고, 저는 그로부터 두 달 후 캐나다에서 유학과 함께 목회하는 여정을 걷기 시작했습니다. 그렇게 6년 반이라는 시간이 흘러갔어요.

2003년 2월, 저는 캐나다 앨버타주 에드먼턴에서 열린 선교

대회에서 가슴 벅찬 결단과 함께 또 한 번 간절한 기도를 올려 드리게 됩니다. 선교 대회나 선교 부흥회를 조심해야 합니다. 그때는 분위기 때문에, 스님들도 헌신한다는 우스갯소리가 있는데 저도 그중 한 명이었습니다. 설교단에 오르신 어느 할아버지 미국 선교사님이 설교 중에 하신 말씀이 저를 사로잡았습니다. 그분은 천국에 가서 듣고 싶은 말이 두 가지라고 했습니다. 하나는 "Well Done"입니다. 선교사요 목사시니 당연히 주님으로부터 "잘하였도다"라는 말씀이 듣고 싶으셨겠죠.

그런데 나머지 하나가 그날 제 마음을 완전히 사로잡았습니다. 다름 아닌 "Because of you"입니다. 천국에 도착했을 때 많은 사람들이 달려 나오며 "당신 때문입니다"라고 외치는 소리를 듣고 싶다는 것입니다. "당신 때문에 제가 천국에 올 수 있었습니다. 너무 감사합니다"라는 외침 말입니다.

그 순간 저는 무릎을 꿇었습니다. 그리고 손을 번쩍 들고 간절히 기도했습니다. "주님, 바로 저것입니다. 저도 천국에 가서 'Because of you'를 듣고 싶습니다. 그 일을 위해 제게 한 번만 더 공부할 수 있는 길을 열어 주십시오." 저는 반년 후 미국 켄터키주에 있는 애즈베리신학교로 유학을 떠나 공부하게 되었습니다.

3년간의 코스워크(coursework), 종합시험, 논문 프로포절

(proposal)을 잘 마치고, 갑자기 주어진 부르심에 응해 달라스연합교회에 부임하여 담임목회를 하게 되었죠. 이후 짬짬이 논문을 정리하여 겨우 구술시험을 통과했고, 논문에 많은 수정이 필요하여 한 학기 졸업이 늦춰지면서 '우스운 성적'으로 겨우 통과, 턱걸이 졸업을 하게 되었습니다. 어쨌든 학위를 받게 되었어요. 졸업입니다. 유학 생활을 통과한 분들은 아시겠지만 저에게 있어 그 학위 수여식은 정말로 감격 그 자체였어요. 그야말로 전적인 하나님의 은혜였습니다.

더 놀라운 이야기는 지금부터입니다. "절대로 폼 재지 않겠습니다" 하고 주님과 약속을 했잖아요. 그러니까 나가서 자랑은 못하겠고 애꿎게 아이들만 잡았어요. "얘들아, 짐 싸. 학교는 며칠 빼먹어도 괜찮아. 아빠가 박사님이 되는 거야. 아빠 졸업식 가자" 그렇게 아이들을 데리고 며칠을 운전해서 감격스러운 졸업식에 참석했습니다. 그리고 다시 운전하여 집으로 돌아오다가 갑자기 한 가지 기억을 떠올리게 된 것입니다.

12월의 어느 날이었으니 지나치는 마을마다 암갈색의 스산한 분위기를 자아냈습니다. 알칸소주를 지나는데 문득 20여 년 전 신학교 2학년 때의 강의실이 번쩍하고 지나갔습니다. 그리고 그 순간 하나님께서 유학에 대한 저의 기도가 시작된 게 1997년 삼각산의 기도도 아니고 2003년 선교 대회에서 한 기도도 아니었다는 걸 떠오르게 하셨어요. 운전하고 집으로 돌아가는 그 스산한 겨울 길에 갑자기 그때 그날이 사진처럼 운전석 앞에 펼쳐진 것입니다.

지금은 이미 주님의 품에 안기신 이상훈 학장님은 제 모교의 은사이신데 제가 참으로 존경하는 분입니다. 그분이 제가 대학 2학년 때 인생의 깊은 성찰과 교훈이 담긴 강의를 하시다가 당신의 유학 생활에 대해서 그리고 그 경험이 당신의 인생에 미친 영향에 대해서 말씀하셨습니다. 그 순간 제 가슴이 마구 뛰면서 뜨거워졌습니다. 수업을 마친 뒤 강의실에 홀로 남아 간절히 기도했어요.

"하나님, 좀 황당한 이야기인 줄 저도 알지만, 좀 놀라실 수도 있지만, 혹시 가하시면 저에게도 유학길을 열어 주시겠습니까? 제가 그 여정을 통해 정말 좋은 사역자로 다듬어지기 위해 애쓰겠습니다. 또 하나님 나라를 위해 선용되는 인생을 살겠습니다."

인생에 몇 번 안 되는 간절한 기도 중 하나였습니다. 혼자서 아주 진지하게 간구했습니다. 저는 아직도 그때의 그 느낌을 기억합니다. 막상 그렇게 기도해 놓고는 저 혼자 픽 하고 웃었습니다. 그리고 그 기도를 새까맣게 잊어버렸습니다. 왜냐하면 당시 저는 유학을 꿈꿀 만한 형편이 전혀 아니었습니다. 더구나 제 주변에 유학을 간 사람이 아무도 없었습니다. 그 길에 대해 전혀 아는 것이 없었습니다. 게다가 유학 비자를 받기 위한 조건 중 하나로 재산을 증명하는 서류를 내야 하는데 그것을 충족시키지도 못했습니다. 그야말로 유학이란 언감생심이요 오르지 못할 나무였습니다. 오죽하면 제가 기도해 놓고는 픽 하고 웃었겠습니까?

그런데 그때로부터 20년이 지난 어느 날 갑자기, 그 겨울의 시골길을 운전하면서 정말 거짓말처럼 그때의 제 모습과 제 마음 상태와 특별히 기도해 놓고 '내가 뭔 기도를 한 거야' 하면서 픽 웃어 버린, 그렇게 잊어버렸던 저의 모습이 영화의 한 장면처럼 도드라져 나온 겁니다. 하나님이 그 장면을 찍어 두셨다가 "봤지?" 하시는 것 같았습니다. 온몸에 소름이 돋으면서 울컥해서 눈물이 났습니다. 그렇게 돌아오는 내내 홀로 부흥회를 가졌습니다.

제가 하고 싶은 말은 이것입니다. 하나님께서 그날, 한 자그마한 신학생의 기도하는 모습을 보고 계셨다는 것입니다. 정말로 그 열악한 환경 속에서 드렸던 기도를, 저도 잊어버리고 말만큼, 전혀 가능성이 없는 그 기도를, 그 소자의 기도를, 엘 로이의 하나님, 보고 계시는 하나님께서 보신 겁니다. 그리고 20년이라는 세월 동안 저를 대관령으로, 태백으로, 앨버타로, 켄터키로, 텍사스로 돌아다니게 하시더니 한순간 저도 잊고 있던 그 기도를 이루어 주셨습니다.

더 놀라운 것은 제가 학위를 받게 된 신학교가 맨 처음 그 유학의 꿈을 도전하던 이상훈 교수님이 언급하셨던 바로 그 학교였습니다. 어떤 분은 이것을 우연의 일치라고 할지도 모릅니다. 하지만 저는 그렇게 생각하지 않아요. 이건 정말 기가 막힌 드라마입니다. 피디이신 하나님께서 연출하신 제 인생의 멋진 드라마예요.

그분이 보셨습니다. 그분이 아셨습니다. 그분은 엘 로이 하나님이시니까요.

오늘 저는 이 드라마가 저만의 것이 아님을 압니다. 쉽지 않은 믿음의 여정 중에 계신 여러분에게도 그런 일들이 있으셨고, 또 오늘도 일어나고 있을 것이며, 앞으로도 일어나게 될 줄로 믿습니다. 왜냐하면 그분은 엘 로이, 보고 계신 하나님이시기 때문입니다. 홀로 간절히 기도하는 여러분을 보고 계십니다. 듣고 계십니다.

여인이 어찌 그 젖 먹는 자식을 잊겠으며 자기 태에서 난 아들을 긍휼히 여기지 않겠느냐 그들은 혹시 잊을지라도 나는 너를 잊지 아니할 것이라 | 사 49:15 |

여호와의 눈은 온 땅을 두루 감찰하사 전심으로 자기에게 향하는 자들을 위하여 능력을 베푸시나니 | 대하 16:9 |

여호와께서 너를 실족하지 아니하게 하시며 너를 지키시는 이가 졸지 아니하시리로다… 여호와는 너를 지키시는 이시라 여호와께서 네 오른쪽에서 네 그늘이 되시나니 낮의 해가 너를 상하게 하지 아니하며 밤의 달도 너를 해치지 아니하리로다 여호와께서 너를 지켜 모든 환난을 면하게 하시며 또 네 영혼을 지키시리로다 여호와께서 너의 출입을 지금부터 영원까지 지키시리로다 | 시 121:3, 5-8 |

그 이름에게로

오늘 인생의 곤고함 중에 계십니까? 그 일과 그로 인한 상처 때문에 실망하고 낙담하셨습니까? 과거의 치명적인 죄와 실수 때문에 '하나님께서는 나를 잊으셨을 거야. 나는 너무 멀리 왔어. 나는 그분에게 돌아가고 싶은 생각조차 할 수 없어'라고 생각하지 마십시오. 그 상황 중에도 나를 힘들게 하는 일과 사람들을 선대하십시오. 그리고 여전히 충성으로 그 길을 걸으십시오.

혹 사업이 어렵습니까? 그 사람으로 인해 너무 실망스럽습니까? 하나님이 원망스러우세요? 직장을 잃으셨어요? 병환 중에 소망을 잃으셨나요? 가족이 속을 썩여요? 교회 생활이 힘드세요? 오랫동안 기도했는데 응답이 없으세요? 정말 총체적인 난국이세요? 기억하십시오. 엘 로이, 보고 계신 하나님께서 여러분을 보고 계십니다. 그 사실을 믿고 이제 조용히 그분께로 나아가 그 이름을 부르고 기도하십시오. 기도 중에 그분과 시선을 마주치십시오. 보배롭고 존귀하게 나를 바라보고 계신 그분의 시선으로 인해 우리는 다시금 일어나 이 길을 완주할 수 있을 것입니다.

2장

전능하신 하나님, 엘로힘

| 신 10:17; 사 43:1-7 |

설교 영상

인생의 근원적인 질문들

두 번째로 만나 볼 하나님의 이름은 '엘로힘, 전능하신 하나님'입니다. 신명기 10장 17절을 보겠습니다.

> 너희의 하나님 여호와는 신 가운데 신이시며 주 가운데 주시요 크고 능하시며 두려우신 하나님이시라 사람을 외모로 보지 아니하시며 뇌물을 받지 아니하시고

여기 "너희의 하나님 여호와"에서 "하나님"이 곧 '엘로힘, 전능하신 하나님'입니다. 히브리어로 '엘(El)'은 '전능한' '강한'이라는 뜻으로 신들을 이야기할 때 자주 사용되던 용어입니다. 특별히 '엘로힘'에서 '힘(him)'은 히브리어의 복수형 어미입니다. 창세기 1장 1절의 "태초에 하나님이 천지를 창조하시니라"에서 "하나님"은 복수형 '엘로힘'입니다. 또 창세기 1장 26절의 "하나님이 이르시되 우리의 형상을 따라 우리의 모양대로 우리가 사람을 만들고"의 "하나님"도 복수형인 '엘로힘'입니다.

질문을 해보겠습니다. 그렇다면 우리가 오늘 이곳에서 '엘로힘, 전능하신 하나님'을 알고 믿는다는 것은 구체적으로 무엇을 뜻하는 것일까요? 여기 인생에 대한 근원적인 질문들이 있

습니다. 오늘 우리는 빠른 시간의 흐름 속에서 인생에 대해, 하나님에 대해 무슨 생각을 하며 살아가고 있습니까? 나의 인생이 무엇에 관한 것인지, 어디로 가고 있는지, 결국 그것을 통해 무엇을 하려 하는지, 여러분은 분명한 해답을 가지고 있습니까? 도대체 우리 인생은 어디서 시작되었습니까? 무엇에 관한 것입니까? 누가 생명을 주셨습니까? 그 생명은 결국 어디를 향합니까?

성경에서 '엘로힘, 전능하신 하나님'은 '나를 지으신 하나님, 나를 창조하신 하나님'으로 소개됩니다. 자연히 우리는 이 이름에서 앞서 제기한 인생의 근원적인 질문들에 대한 해답을 얻을 수 있습니다. 만일 오늘 여러분이 넉넉히 행복하지도 않고, 인생의 진정한 의미를 찾지 못한 채 살고 있다면, 그래서 여타한 의구심을 가진 채 인생길을 걷고 있다면, 가장 먼저 달려가 붙들어야 할 하나님의 이름은 '엘로힘, 전능하신 하나님'입니다.

오래전 이사야 선지자가 외쳤습니다.

여호와의 이름을 의뢰하며 자기 하나님께 의지할지어다 I 사 50:10 I

인생길이 혼란스러워졌다면 "여호와의 이름을 의뢰하며 하나님께 의지하라"는 말씀입니다. "이는 만물이 주에게서 나오고 주로 말미암고 주에게로 돌아"(롬 11:36)가기 때문입니다. 그분이 출발점이고 그분이 목적지라는 뜻이죠. 하여 우리의 이야기는 늘 '엘로힘, 전능하신 하나님' '창조주 하나님'으로 시작되어야 합니다.

자, 그렇다면 우리가 하나님을 나를 지으신 하나님, 전능하신 하나님 엘로힘이라 믿고 고백하는 것은 오늘 우리의 삶에 구체적으로 어떤 의미가 됩니까?

출발과 마침과 목적

우리가 하나님을 엘로힘, 전능하신 하나님으로 알고 믿는다는 것은 가장 먼저 '내 인생의 출발과 마침 그리고 목적이 그분께 있다는 것을 믿는다'는 의미입니다. 그분이 우리의 인생을 내셨고, 목적지가 되셨고, 결국 결승점이 된다는 뜻이죠. 그리스도인은 바로 이 사실을 믿고 고백하며 거기에 자신의 인생을 조율하는 이들이라 할 수 있습니다.

1991년에 김국환의 '타타타'라는 노래가 꽤 인기를 끌었습니다. "네가 나를 모르는데 난들 너를 알겠느냐. 한 치 앞도 모두 몰라 다 안다면 재미 없지." 참 구성지고 호소력 짙은 노래입니다. 그런데 아무 생각 없이 그 선율을 따라가다 보면 갑자기 정신이 번쩍 납니다. 왜냐하면 결국 그 노래는 허무를 이야기하기 때문입니다. "바람이 부는 날엔 바람으로 비 오면 비에 젖어 사는 거지 그런 거지, 으으음~ 아하하."

이 노래는 분명 진리의 한 조각을 품고 있습니다. 삶의 의미와 목적을 알지 못하면, 그래서 자기의 인생이 어디서 왔다가 어디로 가는지 알지 못하면, 결국은 "바람이 불면 부는 대로, 비 오면 오는 대로, 그냥 그렇게 살다가 가는 거지, 인생이 뭐 별거 있나?" 그렇게 허무로 간다는 이야기예요. 하나님의 말씀도 정확히 그것을 지적합니다.

> 전도자가 이르되 헛되고 헛되며 헛되고 헛되니 모든 것이 헛되도다
> |전 1:2|

야고보서도 그런 인생을 "잠깐 보이다가 없어지는 안개"(약 4:14)라고 규정합니다. 그렇습니다. 인생에 관한 한 출발점이요 또 목적지가 되시는 '창조주 하나님' 그분을 분명히 알고 거기에 우리의 인생을 조율해야만 인생을 제대로 완주할 수 있습니다. 그분을 놓치면 절대로 행복해질 수 없어요. 반드시 허무로 귀결됩니다. 앞선 인생의 많은 선배들이 그들의 삶으로 이를 증거하고 있습니다.

하여 오늘 행복하지 않으신 분, 그 삶에 기쁨이 없으신 분, 인생의 의미를 몰라 매일매일 허무와 싸우시는 분들께 권합니다. 어서 빨리 여러분을 지으신 창조주, '엘로힘, 전능하신 하나님'에게로 달려가십시오. 그리고 그분의 이름을 여러분 인생의 깃발로 삼으시고, 그곳을 인생의 기초로 삼으십시오. 일부러 거기에서 다시 시작해야만 합니다.

여러분은 '엘로힘, 전능하신 하나님' 창조주이신 그분을 믿습니까? 당신은 전능하신 하나님, 엘로힘 하나님을 믿습니까? 만일 그렇다고 시인한다면 그 믿음의 고백이 의미하는 바는 분명합니다. 그것은 우리 인생의 시작과 끝 그리고 목적을 창조주이신 그분에게서 찾는다는 뜻입니다. 다시 말해 '나는 왜 태어났는가? 전능하신 하나님이 왜 나를 만드셨는가?'의 해답을 다른 누군가에게서가 아니라, 바로 '엘로힘' 하나님에게서 찾는다는 것입니다.

성경은 드라마다

《성경은 드라마다》라는 흥미로운 책이 있습니다. 원제목은 'The Drama of Scripture'입니다. 저자인 크레이그 바르톨로뮤 (Craig G. Bartholomew)와 마이클 고힌(Michael W. Goheen)은 이 책을 통해 "기독교의 목적은 세상 전체에 대한 큰 이야기를 제공하는 것이고 우리는 당연히 나의 이야기를 그 큰 이야기의 전체 흐름 속에서 읽어야 한다"라고 말합니다. 맞습니다. 그리스도인은 먼저 하나님의 그 큰 이야기를 이해하고, 그 속에서 나의 이야기를 발견해야만 합니다. 내가 누구인지, 우리 교회가 그 큰 이야기 속에서 어디쯤에 위치하고 있는지, 그래서 결국 내 인생과 교회를 통해서 무엇을 하려는 것인지를 우리는 반드시 알아야 하고, 실제로 거기에 우리의 인생과 교회를 맞추어야 합니다.

레슬리 뉴비긴(Lesslie Newbigin)도 같은 주장을 했습니다. "도 대체 내 인생을 어디에 근거해서 이해하고 해석해야 하느냐?" 그의 도전입니다. 그 답을 알아야, 그걸 근거로 하여 '내가 누구인지' 또 '내가 무엇을 할 것인지'를 제대로 알 수 있다는 것입니다. 그는 현대 서구 문화의 대부분이 전제하고 있는 기본적인 틀을 인본주의로 이해합니다. 그 중심에 늘 인간이 자리하고 있다는 거죠. 쉽게 말해 오늘날 사람들은 "인간의 이성이 만물의 척도이며, 아는 것이 힘이다"라고 생각한다는 겁니다. 그러니 생각해 보십시오. 인간이 기준이요 또 출발점이 되니까, 이 세상은 하나님 없이도, 인간의 과학과 기술만으로도 완벽한 유토피아를 건설할 수 있다고 믿게 되는 것입니다.

그런데 그리스도인이 누구입니까? 그 이야기를 믿지 않는 사람입니다. 즉 그리스도인은 우리 인간에게서 이야기를 시작하지 않아요. 대신 하나님 그분에게서 우리의 이야기를 시작합니다. "태초에 하나님이 천지를 창조하시니라"(창 1:1). 그렇습니다. 그분이 우리 모든 사람들 이야기의 시작점이에요. 맞습니다. 우리는 인간을 신뢰하지 않습니다. 왜냐하면 인간은 모두 타락한 죄인이기 때문입니다. 따라서 우리는 하나님 없이, 과학과 기술만으로 완벽한 세상을 건설할 수 있다고 믿지 않습니다. 또한 우리는 물질, 돈, 소유가 우리 삶의 진정한 토대가 된다고도 믿지 않습니다. 대신에 하나님 그분 없이는 아무것도 가능하지 않다고 믿어요. 우리는 하나님 그분에게서부터 이야기를 시작하고, 그 이야기에 우리의 인생을 맞춥니다.

그런데 문제가 있죠. 우리 대부분은 그걸 알지만 또 그렇다고 생각하지만, 사실은 많은 그리스도인조차 '하나님의 큰 이야기'를 자신의 존재와 삶의 기초로 삼지 않고 서구 현대인들의 이야기를 기초로 삼곤 한다는 것입니다. 즉 믿는 사람도 이 세상 사람들처럼 '사람이 최고이고, 물질세계가 전부이며, 더 많은 것을 소유하고 누리는 것이 행복의 조건이다'를 그들 삶의 토대로 삼을 때가 있다는 것입니다.

우리의 고민이 여기에 있어요. 그런 그리스도인은 일주일 내내 그 세상의 이야기를 가지고 자기의 인생을 이해하고 경영하다가, 주일이 되어 교회에 올 때만 잠시 고개를 흔들어 정신을 차립니다. 잠깐 교회에 와 있는 시간에만 자신의 '영혼'을 위해 '교회'와 '종교'라는, '하나님의 큰 이야기' 속으로 들어온다는 거예요. 그러고는 곧바로 '세상 사람들이 토대로 삼는 이야기'를 향해 다시 나아갑니다.

우리는 어떻습니까? 혹시 당신은 이 세상이 말하고 이 세상이 보여 주고 이 세상이 제공하는 이야기대로 그 안에서 살다가, 교회에 나올 때만 성경 이야기를, 그것도 내 영혼만을 위해 잠시 듣고 돌아가는 식으로 살고 있지 않습니까? 아니면, 내 영혼뿐 아니라 온몸과, 가정과, 일터와, 교회 공동체와 내 삶의 모든 것을 처음부터 '하나님의 큰 이야기' 속에서 발견하고 이해하고 해석하면서 살고 있습니까?

그리스도인은 내비게이션의 지도처럼 내가 누구인지, 뭘 하려고 하는지, 어디로 가고 있는지를 '하나님의 그 큰 이야기 안에서 보고 이해하는 사람'입니다. 그 큰 이야기의 출발점이 어디입니까? 바로 나를 지으신 창조주 하나님, '엘로힘, 전능하신 하나님'이라는 그분의 이름입니다.

기억하십시오. 그분에게 내 인생의 출발과 마침과 목적이 있습니다. '엘로힘, 전능하신 하나님'의 이름을 믿을 때, 우리는 '창조, 타락, 예수 그리스도의 구속, 교회 그리고 재림과 천국'이라는 그 큰 하나님의 이야기 속에서 우리의 이야기를 발견할 수 있어요. 만일 오늘 여러분의 삶이 혼란스럽고 곤고하다면, 그분에게로 나아가 '나를 지으신 창조주 하나님, 엘로힘'을 믿는다고 고백하시고, 인생의 모든 질서를 거기에서부터 바로 세워 나가기를 바랍니다.

너는 내 것이라

우리가 '엘로힘, 전능하신 하나님'을 믿고 고백한다는 것은 둘째, 그분이 오늘의 나를 한없는 사랑과 은혜의 시선으로 보고 계신다는 것을 믿는다는 뜻입니다. 하나님께서 나를 '사랑의 눈'으로 보고 계신답니다. 왜요? 그분이 나를 지으셨기 때문입니다. 얼마나 힘이 되는 말씀인지요.

이사야의 말씀이 증언합니다.

야곱아 너를 창조하신 여호와께서 지금 말씀하시느니라 이스라엘아 너를 지으신 이가 말씀하시느니라 너는 두려워하지 말라 내가 너를 구속하였고 내가 너를 지명하여 불렀나니 너는 내 것이라 | 사 43:1 |

분명합니다. '엘로힘' 하나님께서 나를 창조하셨습니다.

그런데 이 이야기가 단순히 여기서 끝나지 않아요. 그런 분이 지금 우리를 바라보시면서 이런 고백을 하시는 겁니다.

네가 내 눈에 보배롭고 존귀하며 내가 너를 사랑하였은즉 | 사 43:4 |

할렐루야! 우리를 지으신 창조주 하나님께서 우리를 보시며 이렇게 느끼신다는 겁니다. "네가 내 눈에 보배롭고 존귀하며 내가 너를 사랑하였은즉." 얼마나 감격스러운 고백입니까? 그런데 그 이유가 바로, 당신이 우리를 지으신 창조주 하나님이기 때문이라는 것입니다. 스바냐 선지자도 외쳤습니다.

너의 하나님 여호와가 너의 가운데에 계시니 그는 구원을 베푸실 전능자이시라 그가 너로 말미암아 기쁨을 이기지 못하시며 너를 잠잠히 사랑하시며 너로 말미암아 즐거이 부르며 기뻐하시리라 하리라
| 습 3:17 |

하나님께서 우리를 그만큼의 사랑으로 보고 계시다는 말씀이지요.

제가 아는 장로님 한 분이 화가이십니다. 그분은 자신의 작품을 하나하나 완성할 때마다 그 작품을 너무도 귀히 여기며 사랑하고 또 아끼게 된다고 말씀하셨습니다. 어째서입니까? 그

작품은 단순한 작품이 아니라, 당신의 분신이기 때문입니다. 혼이 담겨 있기에 사랑할 수밖에 없다는 것입니다. 우리의 창조주 하나님이 그렇습니다. 당신의 작품인 우리를 그렇게 사랑하실 수밖에 없는 겁니다.

자녀들을 결혼시켜 보십시오. 아직도 철없는 젊은이들 같은데, 이 친구들이 금방 어른이 되어 갑니다. 특별히 아이라도 하나 낳아 보십시오. 그러면 자기 인생도 제대로 건사하지 못할 것 같던 젊은이들인데, 제법 능숙한 엄마 아빠가 됩니다. 침을 질질 흘리는 아이, 떼쓰는 아이, 낯가리고 칭얼대는 아이, 심지어 냄새나는 작품을 만들어 내는 아이라 해도, 그 엄마 아빠는 끝없는 사랑으로 그 아이를 보살핍니다. 너무 귀하고 예쁜 아이들로 키웁니다. 내 아이이기 때문입니다.

똑같습니다. 나를 지으신 하나님, 나를 창조하신 하나님께서 우리를 향해 외치십니다. "야곱아 너를 창조하신 여호와께서 지금 말씀하시느니라 이스라엘아 너를 지으신 이가 말씀하시느니라 너는 두려워하지 말라 내가 너를 구속하였고 내가 너를 지명하여 불렀나니 너는 내 것이라"(사 43:1). 그다음 2절은 더합니다. "네가 물 가운데로 지날 때에 내가 너와 함께할 것이라 강을 건널 때에 물이 너를 침몰하지 못할 것이며 네가 불 가운데로 지날 때에 타지도 아니할 것이요 불꽃이 너를 사르지도 못하리니"(사 43:2). 왜요? "나는 여호와 네 하나님이요 이스라엘의 거룩한 이요 네 구원자"(사 43:3)이기 때문입니다.

혹시 오늘 곤고하십니까? 혼돈스럽습니까? '이게 뭔가? 하나님이 나를 사랑하시는 게 맞나?' 의심하십니까? 그렇다면 얼른 나를 지으신 창조주 하나님, 전능하신 하나님, 그분의 이름 '엘로힘'에게로 달려가십시오. 그분이 나를 지으셨습니다. 내가 그분의 작품입니다. 게다가 그분은 나를 사랑하신다 절절히 고백하시고, 나를 존귀히 여긴다고 말씀하십니다.

그분의 말씀이 잘 믿어지지 않습니까? 과거 내가 범한 심한 죄악 때문에, 실패 때문에, 그 끔찍한 일 때문에, 그분이 나를 사랑하지 않으실 거라고, 그분이 더 이상 내게 어떠한 기대도 하지 않으실 거라고 생각합니까? 그 일과 사건으로 인해 하나님께서 정말로 내게 더 이상 관심을 갖지 않으실까요?

그렇지 않습니다. 성경을 보십시오. 수없이 많은 실패의 동창생들이 등장합니다. 성경은 하나님께서 어떻게 그들을 여기셨고, 다루셨고, 다시 세우셨는지에 관한 이야기로 가득합니다. 물론 우리는 넘어질 수 있습니다. 실수할 수 있고 실패할 수 있습니다. 그로 인해 심한 흠이 나기도 하고, 깨지고 금이 갈 수도 있습니다. 순간 사탄이 다가와 속삭이죠. "너는 안 된다. 너는 가치 없다. 네가 다 어질러 놓았다. 네 인생은 이제 이렇게 끝나는 것이다." 결코 아닙니다. 그 순간 우리가 붙들어야 할 하나님의 이름이 있습니다. 바로 '엘로힘, 전능하신 하나님, 나를 지으신 하나님'입니다.

깨어진 유리 조각들

켄터키주의 애즈베리신학교에서 공부할 때, 무척 유익했던 과목이 하나 있었습니다. Cross-cultural Discipling이라는 과목이었는데, 복음이 한 문화를 뛰어넘어 전달될 때, 어떤 '의식 (Ritual)'이나 '상징(Symbol)' 같은 것이 우리의 신앙 성숙을 위해 유용하게 사용될 수 있다는 걸 공부하는 과목이었습니다. 예를 들면 성찬식 같은 예전이나, 촛불이나 십자가 형상 같은 것들을 복음 전파와 제자훈련에 활용하는 것이죠. 수업 내용은 일단 강의를 듣고, 그 강의를 기반으로 그룹 프로젝트를 진행하는 것이었는데, 조별로 의식이나 프로그램을 준비해서 발표하기도 했습니다. 그중 지금도 선명히 기억나는 장면이 하나 있습니다.

어느 날 강의실에 들어갔더니, 책상을 동그랗게 배치해 놓고 조별로 앉도록 했습니다. 책상에는 잉크병 같은 깜찍하고 투명한 유리병이 여러 개 놓여 있고, 포스터 칼라 같은 물감과 붓이 준비되어 있었습니다. 곧 발표자가 나와 유리병에 자기의 인생을 상징하는 그림을 그려 보라고 했습니다. 신학 시간이 갑자기 미술 시간이 된 겁니다.

학생들은 신났죠. 열심히 물감으로 그림을 그렸습니다. 십자가를 그리는 사람, 예쁜 나비를 그리는 사람, 형형색색의 꽃을 그리는 사람, 빨주노초파남보 무지개를 그리는 사람 등 각자 정성껏 자기의 인생을 그려 넣었습니다. 잠시 후 발표자는 자기가 그린 그림을 가지고 각자의 인생과 그 의미에 대해 이야기하라고 했습니다. 곧 고개를 끄덕이고, 웃고, 묻고, 격려하는 진지한 시간이 이어졌습니다.

문제는 그다음이었습니다. 미국 사람들이 샌드위치를 쌀 때 쓰는 누런 종이봉투에 유리병을 넣으라고 했습니다. 조심스레 넣었지요. 그랬더니 이번에는 책상 위에 놓여 있는 망치로 그걸 깨뜨리라는 겁니다. "예, 뭐라고요?" 아니, 얼마나 정성을 다해 그림을 그렸는데 그걸 깨뜨리라니요! 하지만 할 수 없었습니다. 한 명씩 깨뜨리기 시작했어요. 퍽~ 퍽~. 얼마나 안타깝고 아깝던지요. 교실에는 한참 동안 유리병 깨지는 소리가 이어졌습니다. 모두들 말을 잃었어요.

그때 발표자가 설명을 시작합니다. 그게 우리의 실패라는 겁니다. 우리의 상처요, 실망이요, 분노요, 얼룩이라는 거예요. 교실 안이 숙연해집니다. 누구에게나 그런 실수와 실패의 경험이 있거든요. '내 인생에 그 일만 일어나지 않았더라면, 그때 내가 그렇게 하지 않았더라면, 그 순간을 지울 수만 있다면…' 후회가 막심한 것들입니다. 누구나 그런 치욕스러운 부분이 있음을 인정할 수밖에요. 부끄럽고 지저분한 얼룩들. 그 결과는 처절합니다. 우리는 우리 자신을 용서하지 않아요. 나는 끝났다고 생각합니다. 나는 가치가 없다고 생각해요. '그게 나의 실체야. 산산히 깨지고 부서져 버렸어.' 교실은 쥐 죽은 듯이 조용합니다. 눈물을 흘리는 학생, 눈을 감고 기도하는 학생, 골똘히 뭔가를 생각하는 학생, 다양한 모습으로 앉아 있었습니다.

순간, 놀라운 일이 일어났어요. 발표자가 커다란 유리 꽃병 하나를 올려놓더니 낭랑한 목소리로 예수 그리스도의 복음을 이야기하기 시작했습니다. 예수님의 복음이 어떤 것이며, 그 복음이 어떻게 우리를 용서하고 용납하며, 결국 우리를 어떻게 치유하고 다시 빚는지를 설명하는 겁니다. 그러면서 종이봉투 안에 담긴 깨진 유리 조각들을 그 큰 유리 꽃병 안에 쏟아 넣었습니다.

차르르르르… 차르르르르….

발표자가 깨어지고 쓸모없고 가치 없는 우리가 예수님 때문에 용납되고, 치유되고, 회복되었다면서 깨어진 유리 조각들을 다시 모으는데, 갑자기 교실 이곳 저곳에서 신음소리가 들려왔습니다. 그리고 잠시 후 그 신음소리는 탄성으로 바뀌었어요. 왜냐하면 그 깨진 유리 조각들을 유리병에 쓸어 넣자, 색색의 물감으로 칠해져 있던 유리 조각들이 창밖에서 비쳐 들어온 빛을 받아 영롱한 자태를 발하기 시작했기 때문입니다. 모두들 "우아" 소리를 지르고 박수를 쳤습니다. 자신의 실패와 상처의 상징이던 깨진 유리 조각들이 한자리에 모이며 아름다운 작품으로 다시 태어났기 때문입니다.

'엘로힘, 전능하신 하나님', 나를 지으신 창조주 하나님이 우리의 인생에 행하신 일과, 우리를 바라보시는 시선이 그와 같습니다. 이 사실로 위로받으십시오. 격려받으세요. 그러므로 우리는 좀 모나 있어도, 좀 깨어져 있어도 괜찮습니다. '내가 다 망쳐 놨어, 나는 이미 실패했어'라고 생각할 수 있습니다. 죄송스럽고 실망스럽고 화가 날 수도 있습니다. 심지어 그런 이유 때문에 하나님의 따스한 시선도 외면한 채, 그분이 나를 다시 만지고 회복시키고, 은혜 주실 것이라는 기대마저 완전히 포기해 버리기도 합니다.

'나는 그때 실패했기 때문에, 그분을 너무도 크게 실망시켜 드렸기 때문에, 그분은 더 이상 내게 어떤 기대도 하지 않으실 거야'라고 생각하십니까? 틀렸습니다. 하나님은 오늘도 여전히 나를 보배롭고 존귀하게 여기시는 '엘로힘, 전능하신 하나님'이십니다. 그분이 말씀하십니다. "내 눈에 너는 그렇게 보배롭고 존귀한 존재란다." 왜입니까? "나는 엘로힘, 창조주 하나님이고, 너는 내가 지은 내 소중한 작품이야."

하나님은 당신을 토기장이로 소개하시고(렘 18:6) 우리를 진흙이라 하십니다. 만일 그러하다면 그 빚어지는 과정에서 조금 균형이 맞지 않는다거나 모양새가 좀 어그러져도 괜찮습니다. 토기장이이신 하나님은 흠이 있는 우리를 얼마든지 멋진 작품으로 바꾸실 수 있는 창조주 하나님이기 때문입니다. "너는 내 것이라"고 말씀하시는 하나님의 여유를 느껴 보십시오. 아니 누리십시오.

오늘 혼동 속에서, 실패 속에서, 상처 속에서, 의심 속에서 힘겹게 인생길을 가고 있습니까? 속히 나를 지으신 하나님, 아니 오늘도 나를 빚고 계시는 '전능하신 하나님, 엘로힘' 그분의 이름에게로 달려가십시오. 그분은 절대로 실패하지 않으십니다. 우리 안에 착한 일을 시작하신 분께서 우리를 귀히 여기십니다. 사랑하십니다. 그리고 그날까지 우리를 계속 빚어 가십니다. 따라서 우리는 결국 그분 앞에 영광스러운 모습으로 변화하게 될 줄 믿습니다.

기억하십시오. 하나님을 전능하신 하나님, 엘로힘, 창조주 하나님으로 믿고 고백한다면, 우리는 곧 하나님의 어마어마한 여유를 우리의 것으로 삼을 수 있습니다. 우리의 삶이 우리를 사랑하시는 창조주, 그분 손안에 있음을 알기 때문입니다. 그러면 배짱도 생깁니다. 그분이 나를 위하시는데 "물과 불과 강이 나를 뭐 어쩌겠어?" 당당함으로 나아갑니다. '엘로힘, 전능하신 하나님'의 이름으로 달려가 그분의 이름을 내 인생의 깃발로 삼으십시오. 그분이 주시는 사랑과 은혜의 시선 때문에, 우리 모두는 하나님의 거대한 여유 속으로 성큼 들어서게 될 것입니다.

내 영광이 아니라 그분의 영광을 위해

우리가 엘로힘, 전능하신 하나님의 이름을 믿는다는 것은 셋째, 그 순간 하나님이 나를 향해 가지신 기대를 알게 된다는 것을 의미합니다. 이사야 43장 7절의 말씀을 주목해 보십시오.

> 내 이름으로 불려지는 모든 자 곧 내가 내 영광을 위하여 창조한 자를 오게 하라 그를 내가 지었고 그를 내가 만들었느니라

창조주 하나님께서 우리를 지으실 때, 당신 안에 가지고 계신 목적은 분명합니다. "내 영광을 위하여!" 우리를 지으셨다는 것입니다. 그리스도인이 누구입니까? 엘로힘의 하나님을 믿는

다는 저와 여러분은 도대체 어떤 사람들입니까? 그분은 분명히 말씀하셨습니다. "내가 내 영광을 위하여 창조한 자를 오게 하라." 그래서 웨스트민스터 소요리 문답의 첫 번째 질문과 답이 이렇게 되어 있습니다. "사람의 제일 되는 목적이 무엇인가? 사람의 제일 되는 목적은 하나님을 영화롭게 하는 것과 영원토록 그를 즐거워하는 것이다."

오늘 우리가 엘로힘, 전능하신 하나님을 믿는다는 것은, 단순히 나를 위해 저기에 존재하고 계신 하나님을 믿는 것이 아닙니다. 즉 그분이 나를 위하여, 그분이 나의 영광을 위하여 존재한다고 믿는 게 아니란 거죠. '전능하신 하나님을 믿는다는 것'은 오히려 '내가 그분을 위하여, 그분의 영광을 위하여 지으심 받았다는 사실'을 믿는다는 것입니다.

우리는 종종 "주님, 제가 하나님의 영광을 위해서 살고 싶습니다"라고 기도합니다. 그렇다면 오늘 우리가 '하나님의 영광을 위하여 산다'는 것은 무슨 뜻일까요? 하나님의 영광을 위해 산다는 것이 구체적으로 어떤 삶과 행위를 말하냐는 것입니다. 헬라어로 '영광'은 '독사(doxa)'로, 그 존재에 대해 '정확한 의견이나 평가를 제시하는 것'이란 뜻을 가지고 있습니다. 따라서 우리가 피조물로서 하나님의 영광을 드러낸다는 것은, 우리가 우리의 인생을 통하여 하나님에 대한 정확한 의견이나 평가를 나타내고 드러내는 것을 말합니다. 우리가 우리의 삶을 통해 즉 우리의 말과 행실과 삶으로, 전능하신 하나님이 어떤 분이신지를 드러내는 것이 곧 '하나님의 영광을 위해' 사는 삶이라는 것입니다.

여기에 저라는 사람이 있습니다. 저는 하나님의 영광을 위하여 창조되었음을 알고 또 믿습니다. 그렇다면 그 사실을 깨닫게 되는 순간부터 저는 제 인생의 모든 것을 통하여, 제 생명과 시간과 소유와 가정과 은사와 일을 통하여, 주변의 모든 사람들에게, 더 나아가 세상 모든 만물들에게 '나의 하나님이 누구신지, 그 하나님이 어떤 분이신지를 정확히 제시하고 판단하는 일'을 합니다. 그것이 저의 존재 목적이요, 하나님께 영광을 돌리는 사명을 이루는 길입니다.

여러분, 하나님께 영광을 돌리는 삶을 살고 싶습니까? 그렇다면 여러분이 처한 상황과 소유하신 재능과 물질과 시간을 가지고 그곳에서 '하나님이 어떤 분인지'를 드러내는 삶을 사시면 됩니다. 내 삶에 그분을 반영한다고 이해하시면 됩니다. '우리 하나님은 이런 분이십니다'를 보이는 겁니다. '하나님은 사랑이십니다' 하면 그분의 사랑을 정말로 말하고 보이는 것입니다. '하나님은 신실하신 분입니다' 하면 그분의 신실하심을 여러분이 보이고 증명하는 거예요. 그리고 그런 과정을 통해 세상 사람들과 만물에게 우리가 믿는 하나님에 대한 바른 의견이나 평가를 드러내는 것입니다. 그러면 그것이 하나님의 영광을 드러내는 삶이고, 그걸 하지 못하면 그분의 영광을 드러내는 삶이 아닌 겁니다.

저 사람은 예수 같아…

제게는 참 따뜻한 기억이 하나 있습니다. 훈련소에 있을 때, 그 부대의 연병장을 새로 만든다 해서 며칠 동안 수백 명의 동료들과 함께 넓은 땅을 괭이질로 고르게 펴는 작업을 했습니다. 그 지루한 작업을 며칠 동안 반복하고 있는데, 저쪽에서 알지 못하는 한 동료가 저를 가리키면서 이렇게 말했습니다.

"쟤는 꼭 예수 같아…."

물론 저는 그날 제가 어떤 분위기를 풍겼는지 모릅니다. 하지만 분명한 것은, 저를 모르는 어떤 이가 저의 모습을 보고 "야, 저 사람은 꼭 예수 같아…"라고 말했다는 사실입니다.

그날의 일은 충격이었습니다. 엄청난 사건이었어요. 두고두고 그 일이 제게 영향을 끼치고 있습니다. 오늘도 누군가가 저를 보고 있습니다. 그는 제 인생을 통해서 예수님을 볼 수 있습니다. 그러나 다른 것을 볼 수도 있습니다. 그래서 저는 인생의 방향감각이 둔해질 때마다, 그때 그 동료가 했던 말을 기억하며 다시금 정신을 차립니다. 오늘 내 모습은 어떠한가? 나는 과연 예수님을 드러내고 있는가? 아니면 인간적인 욕망을 드러내고 있는가? 나는 과연 하나님의 영광을 드러내고 있는가? 아니면 드러내지 못하고 있는가?

저는 목사입니다. 저는 목회의 자리에서 하나님께 영광 돌리는 일을 계속합니다. 주로 말씀 사역을 통해 '하나님의 하나님 되심을 드러내는 일'을 하고 있죠. 그분에 대한 평가가 제대로 이루어지도록 그분을 제 삶으로 나타내는 거예요. 그것이 제가 하나님의 영광을 드러내는 방법입니다. 여러분도 마찬가지입니다. 주변 사람들이 아무리 "제발 살살 믿어라. 왜 너만 그렇게 별나게 믿냐?" 해도 "아니다, 하나님은 내게 충분히 그렇게 대접받으실 만한 분이시다. 그분이 먼저이고 나는 나중이다" 분명히 말하고 삶으로도 보이고 드러내셔야 합니다. 그것이 하나님의 이름을 영화롭게 하는 우리의 사역입니다. 그것이 오늘 이곳에서 하나님을 '엘로힘, 전능하신 하나님'으로 믿는다는 것의 정확한 의미입니다.

무엇을 위해 살고 있습니까

잠잠히 나의 인생 여정을 평가해 보십시오. 오늘 나는 하나님이 나를 지으신 창조의 목적대로 살아가고 있습니까? 오늘 내 삶은 전능하신 하나님의 기대대로, 그분이 어떤 분이신지를, 그분의 영광을 드러내고 있습니까? "목사님, 그런 건 지금 제게 너무 배부른 고민 같습니다. 제게는 지금 그럴 여유가 없습니다"라고 말씀하십니까? 곧 그 변명이 통하지 않는 시간이 올 것입니다. 기억하세요. 엘로힘, 전능하신 하나님께서 나를 지으셨습니다. 그리고 그분은 나의 인생을 통해, 당신이 영화롭게 되기를 기대하십니다.

오늘 나는 전능하신 하나님께서 나를 지으신 목적을 수행하고 있습니까? 오늘 그분의 기대대로 살아가고 있습니까? 혹 그분이 나를 위해 지어진 분인양 내가 원하는 것을 이루어 달라 떼를 쓰고 있지는 않습니까? 그분께 나를 맞추고 있습니까, 아니면 그분을 나에게 맞추라 요구하고 있습니까?

우리 하나님은 '엘로힘, 전능하신 하나님'이십니다. 그분이 온 우주 만물을 창조하셨고 또한 나를 지으셨습니다. 전능하신 하나님의 이름, 엘로힘을 믿으십시오. 그 이름을 여러분 인생의 깃발로 삼으십시오. 병거와 마병이 아니라, 그분의 이름에게로 먼저 달려가십시오. 그리고 그 혼란한 상황이 아니라, 그분에게서 시작하여 여러분의 인생을 바라보고 해석하십시오.

너희는 눈을 높이 들어 누가 이 모든 것을 창조하였나 보라 주께서는 수효대로 만상을 이끌어 내시고 그들의 모든 이름을 부르시나니 그의 권세가 크고 그의 능력이 강하므로 하나도 빠짐이 없느니라
|사 40:26|

혹시 밤하늘에 쏟아져 내리는 별들을 본 적 있으십니까? 그 순간만큼 창조주 하나님의 신비를 가까이 접하는 경우도 없을 것입니다. 그 셀 수 없이 많은 별들의 이름을 불러내는 전능하신 하나님, 그 우주를 만들고, 별을 만들고, 지구를 만들고, 시간을 만들고, 나를 지으신 분이 엘로힘 하나님이십니다. 그분을 인식하십시오. 그분을 찬양하십시오. 그리고 그분의 영광을 드러내십시오.

이제 우리가 해야 할 일은 자명합니다. 그것은 우리를 지으신 하나님의 목적에 맞도록 우리 인생의 궤적을 다시금 수정하는 일입니다. 우선은 그분을 인식하는 것입니다. "아, 그분이 전능하신 하나님이지. 그분이 내 인생의 모든 열쇠가 되시지. 나는 그분에게로 가서 내 인생을 시작하고, 마치고, 또 오늘 내 삶의 현재와 방향을 확인하지."

그다음은 나를 향하신 그분의 시각과 마음을 보며 그분을

찬양하는 것입니다. "내가 너를 보배롭고 존귀하게 여기노라 내가 너를 사랑하노라." 그리고 마지막으로 내 인생을 통해 그분의 영광을 드러내는 것입니다. 우리의 하나님이 어떤 분이신지, 그 정확한 평가를 내 입술과 손과 발로써, 다른 믿지 않는 이들과 우주 만물에게 드러내십시오. 그것이 나를 지으신 하나님의 창조 목적에 맞는 삶, 하나님께 영광을 돌리기 위해 지음 받은 우리의 마땅한 삶입니다.

3장.
지극히 높으신 하나님, 엘 엘리온

| 창 14:17-20; 단 4:34-35 |

설교 영상

엘 엘리온, 지극히 높으신 하나님

우리가 세 번째로 만나고자 하는 하나님의 이름은 '엘 엘리온, 지극히 높으신 하나님'입니다. 하나님이 이 세상 모든 만물의 주권적인 통치자라는 뜻입니다. '그분은 오늘도 온 우주와 시간과 공간, 이 지구, 대한민국, 우리 교회 그리고 우리의 인생을 당신의 주권으로 통치하고 계십니다.' 이것이 엘 엘리온, 지극히 높으신 하나님이라는 이름에 담긴 정확한 의미입니다.

여러분은 하나님께서 오늘 온 우주 만물과 세상의 역사 그리고 우리 인생을 다스리고 계시다는 사실을 믿습니까? 그렇다면 이 성경적인 진리를 다시 기억하고, 현재적인 의미를 숙고한 뒤, 하나님의 이름을 믿는다는 것이 오늘 내 삶에 무슨 의미가 있는지 또 어떻게 반응해야 할 것인지를 생각해 봅시다. 먼저 '엘 엘리온, 지극히 높으신 하나님'에 대한 성경의 기록들을 추적해 보겠습니다.

그 이름에 대한 첫 번째 기록은 창세기 14장 19절에 나옵니다. 가나안 연합군에게 사로잡힌 조카 롯과 그 식솔들을 구출하여 돌아오던 아브라함에게 살렘의 왕이요 하나님의 제사장인 멜기세덱이 나타나 축복하는 장면이에요.

그가 아브람에게 축복하여 이르되 천지의 주재이시요 지극히 높으신 하나님이여 아브람에게 복을 주옵소서

그 멜기세덱의 축복 기도 속에 아브라함의 대적을 그의 손에 붙이신 주권자로서의 하나님, 지극히 높으신 하나님, 엘 엘리온이라는 이름이 나옵니다. 그뿐이 아닙니다. 주권자이신 하나님의 이름은 심지어 이방의 왕, 당시 전 세계를 호령하던 바벨론의 느부갓네살의 입에서도 고백됩니다.

그 권세는 영원한 권세요 그 나라는 대대에 이르리로다 땅의 모든 사람들을 없는 것같이 여기시며 하늘의 군대에게든지 땅의 사람에게든지 그는 자기 뜻대로 행하시나니 그의 손을 금하든지 혹시 이르기를 네가 무엇을 하느냐고 할 자가 아무도 없도다 | 단 4:34-35 |

여러분, 이스라엘과 이스라엘의 신을 우습게 여기던 천하의 권세자 느부갓네살왕이 어떻게 이런 놀라운 고백을 할 수 있었을까요? 배경이 되는 사건이 있습니다. 교만의 극치를 달리던 느부갓네살이 하나님의 징벌을 받아 자신을 소라고 생각하는 수광병(동물화 망상)에 걸려 7년간 풀을 뜯어 먹고 살다가 겨우 살아난 것입니다. 그 사건을 겪고 느부갓네살이 정신을 차린 거죠. 누가 주권자인지를 깨닫고는 이렇게 고백한 겁니다.

이에 내가 지극히 높으신 이에게 감사하며 영생하시는 이를 찬양하고
경배하였나니 | 단 4:34 |

동시대를 산 다니엘의 고백도 있습니다.

그는 때와 계절을 바꾸시며 왕들을 폐하시고 왕들을 세우시며 지혜자
에게 지혜를 주시고 총명한 자에게 지식을 주시는도다 | 단 2:21 |

한마디로 그분이 실세라는 겁니다. 그분이 주관자라는 겁니
다. 맞습니다. 이 세상은 하나님의 주권 아래 움직이고 있습니
다. 성경은 창세기로부터 요한계시록에 이르기까지 만물을 당
신의 뜻대로 주관하시는 하나님의 역사로 가득 차 있어요.

주권자 하나님을 믿습니까?

여러분은 성경이 증거하고 있는 이 진리, 즉 하나님께서 엘
엘리온, 지극히 높으신 하나님으로 온 세상 만물을 주관하시는
분이심을 믿습니까? 정말로 그분이 온 우주와 이 지구라는 별
과 이 세상의 역사를 주관하신다고 믿습니까? 그분이 한국 땅
과 우리 교회를 주관하신다는 사실을 믿습니까? 정말로 그분이
오늘의 내 인생을 주관하고 계십니까?

하나님을 '지극히 높으신 하나님, 내 인생을 주관하시는 하나님'이라고 믿는 것은 이 세상 모든 만물을 다스리시는 주권자는 하나님이며, 만물 중 하나인 내 인생도 그분이 다스리신다. 그러므로 하나님의 뜻이 아니고는 그분의 허락 없이는, 내 인생에 어떤 일도 일어날 수 없다는 사실을 믿는다는 뜻입니다.

또한 이는 여러분이 이 동네에 살게 되었다는 것, 이 땅에서 결혼했다는 것, 지금의 남편과 아내, 자녀를 만나게 되었다는 것, 그 직업을 갖게 되었다는 것, 이 교회에서 함께 신앙생활을 하게 되었다는 것, 믿음의 동역자와 목사님을 만났다는 것, 이 모든 것에 하나님의 뜻과 섭리와 허락이 있었음을 믿는다는 뜻입니다. 여러분, 이 사실을 정말로 믿습니까? 이것이 '지극히 높으신 하나님, 엘 엘리온'을 고백할 때 담긴 정확한 뜻입니다.

그러므로 여러분의 인생이 능동태라 생각한다면, 빨리 생각을 고치십시오. 그렇지 않아요. 인생은 수동태입니다. 우리 인생의 모든 문장은 하나님 그분을 주어로 시작합니다. 그분이 은혜를 주셔서 이렇게 저렇게 은혜로 살게 된 것이 오늘 우리의 인생이에요.

혹시 자수성가하셨습니까? 너무나 가난한 집에서 자랐으나, 도무지 더 나아질 것이라 기대할 수 없는 형편이었으나, 열심히 노력해서 오늘 이만큼 살게 되었습니까? 저는 자수성가한 분들을 진심으로 존경하고 또 배우기 원합니다. 하지만 그분들은 조금 더 조심해야 합니다. 마치 인생의 주인이 나인 양 '내가, 내가, 내가'를 강조하는 인생을 살 수 있기 때문입니다. 착각하지 마십시오. 우리 인생은 하나님 그분이 주어가 되는 수동태입니다. 인생은 그분의 주권 아래 있어요. 다음의 인물들이 이 점을 극명히 보여 줍니다.

먼저는 느부갓네살왕입니다. 느부갓네살이 처음부터 '지극히 높으신 하나님'을 고백한 것은 아닙니다. 오히려 처음에 그는 자신이 하나님이었습니다. 다니엘 4장에 보면, 수광병에 걸리기 직전 그가 외친 말이 있습니다.

> 나 왕이 말하여 이르되 이 큰 바벨론은 내가 능력과 권세로 건설하여 나의 도성으로 삼고 이것으로 내 위엄의 영광을 나타낸 것이 아니냐 하였더니 | 단 4:30 |

전형적인 자수성가형 인생입니다. '내가 이만큼 했다'는 것입니다. 내가 이만큼 수고했고, 이만큼 이루었고, 그러니 내가 이만큼 위대하다는 겁니다. 하지만 이어지는 말씀을 보십시오.

> 이 말이 아직도 나 왕의 입에 있을 때에 하늘에서 소리가 내려 이르되 느부갓네살 왕아 네게 말하노니 나라의 왕위가 네게서 떠났느니라 네

가 사람에게서 쫓겨나서 들짐승과 함께 살면서 소처럼 풀을 먹을 것이요 이와 같이 일곱 때를 지내서 지극히 높으신 이가 사람의 나라를 다스리시며 자기의 뜻대로 그것을 누구에게든지 주시는 줄을 알기까지 이르리라 하더라 |단 4:31-32|

순식간에 느부갓네살의 인생이 수동태로 바뀌었습니다. 성경은 느부갓네살이 권력의 정점에 있을 때 수광병에 걸려서 7년간 사라졌다가 다시 나타났다고 증언합니다. 또 그의 아들 벨사살왕에게도 같은 일이 반복되었습니다. 다니엘 5장에서 벨사살은 예루살렘 성전에서 빼앗아 온 성전 기물들을 가지고 술 파티를 열며 자신의 권세를 자랑했습니다. 그런데 갑자기 한 손이 나타나 벽에 글씨를 쓰는 것을 보고 기겁을 합니다.

메네 메네 데겔 우바르신 |단 5:25|

잠시 후 다니엘이 해석합니다.

그 글을 해석하건대 메네는 하나님이 이미 왕의 나라의 시대를 세어서 그것을 끝나게 하셨다 함이요 데겔은 왕을 저울에 달아 보니 부족함이 보였다 함이요 베레스는 왕의 나라가 나뉘어서 메대와 바사 사람에게 준 바 되었다 함이니이다 하니 |단 5:26-28|

그 나라를 누가 나눈다 하십니까? 그 왕위를 누가 바사 사람에게 주신다고요? 지극히 높으신 하나님, 그분입니다. 과연 그 말씀 대로, 그날 밤 벨사살은 죽임을 당하고 메대 사람 다리오가 나라의 위를 얻습니다.

세상의 역사는 강대국의 지도자들이 이끌지 않아요. 이 세상의 주권자, 또 우리 교회의 주권자, 내 인생의 주권자는 오직 '지극히 높으신 하나님, 엘 엘리온' 그분이신 줄 믿습니다.

그 사실을 인정하지 않을 때 인간사에는 정말 웃기는 일들이 벌어집니다. 이미 느부갓네살과 벨사살의 몰락을 보았지만, 신약의 헤롯 가문도 똑같은 일을 겪었습니다. 알다시피 헤롯 가문은 대를 이어 하나님의 역사를 거슬렀습니다. 할아버지 헤롯은 예수님의 탄생을 막으려고 두 살 아래의 사내아이들을 살육했습니다. 그의 아들 헤롯 안디바는 세례 요한의 목을 쳤어요. 또 손자 헤롯 아그립바는 야고보 사도를 칼로 죽였고 베드로와 요한까지도 잡아 감옥에 가두었습니다. 하지만 결국은 하나님의 뜻이 이루어지죠.

특별히 사도행전 12장에는 헤롯이 사람들 앞에서 하나님의 영광을 취하다가 충이 먹어 죽게 되는 비극적인 장면이 나옵니다. 헤롯이 호령하자 군중들이 "이는 신의 소리요 사람의 소리가 아니라"(행 12:22)면서 칭송합니다. 그러자 헤롯이 우쭐해서 그 영광을 자기가 취하다가 갑자기 하나님의 심판 앞에 섭니다. 그 자리에서 배를 움켜쥐고 쓰러져 비명횡사를 한 겁니다. 어쩌면 끔찍한 충들, 벌레들이 그의 뱃속에서 기어 나왔는지도 모릅니다. 모든 권세가 사람인 자기에게 있다고요? 아니 그렇지 않습니다. 하나님께 있습니다. 오직 그분만이 주권자이십니다.

빌라도는 어떻습니까? 예수님께서 십자가를 지시기 직전 로마의 총독이던 빌라도 앞에 서셨죠. 그때 빌라도가 "내게 말하지 아니하느냐 내가 너를 놓을 권한도 있고 십자가에 못 박을 권한도 있는 줄 알지 못하느냐"(요 19:10)라고 소리칩니다. 참으로 우스운 광경입니다. 그 순간 예수님은 표정 관리하느라 힘드셨을 것 같습니다. 빌라도는 지금 자기가 그 상황을 주관할 수 있다고 착각하고 있는 겁니다. 하지만 주님이 말씀하시죠.

예수께서 대답하시되 위에서 주지 아니하셨더라면 나를 해할 권한이 없었으리니 그러므로 나를 네게 넘겨준 자의 죄는 더 크다 하시니라
| 요 19:11 |

실세가 따로 있다는 뜻입니다. 결국 그분의 뜻이 이루어졌습니다.

눈에 보이는 세상 사람들만 자기가 인생의 주인공인 줄 착각하는 것은 아니죠. 하나님의 주권을 넘보는 영, 이 세상 어두

움을 주관하는 영, 사탄도 예외가 아닙니다. 여기서 묻겠습니다. 하나님의 주권 안에는 사탄의 영역도 포함될까요?

사탄은 처음부터 하나님의 주권 안에서 움직이던 천사였습니다. 이사야 14장에는 바벨론 왕으로 은유되는 사탄의 반역, 천상의 반역이 기록되어 있습니다. 원래 천사들의 장이던 사탄이 교만해져 하나님보다 높아지고자 했습니다.

> 네가 네 마음에 이르기를 내가 하늘에 올라 하나님의 뭇 별 위에 내 자리를 높이리라 내가 북극 집회의 산 위에 앉으리라 가장 높은 구름에 올라가 지극히 높은 이와 같아지리라 하는도다 | 사 14:13-14 |

교만입니다. 하나님의 주권을 대적하는 것입니다. "내가 지극히 높은 자와 같아지리라" 한 이가 사탄입니다. 하지만 하나님은 간단히 말씀하시죠.

> 그러나 이제 네가 스올 곧 구덩이 맨 밑에 떨어짐을 당하리로다
> | 사 14:15 |

하나님의 말씀이 끝나자마자 사탄은 하나님으로부터 떨어져 저주를 당합니다. 그 교만의 대가는 혹독했어요. 이제 그에게 남은 것은 그저 하나님께서 정하신 기간 동안, 그분이 허락

하시는 한도 안에서 자기의 일, 즉 "죽이고 멸망시키는 일"을 하는 것뿐입니다. 기억하세요. 사탄의 목적은 단 한 가지입니다. 허락된 시간 동안 영혼을 묶고, 멸망시키고, 교회를 분열시키고, 어떡하든 자기의 멸망에 다른 이들을 동참시키는 것입니다. 하지만 그 사탄의 발악에도 분명한 한계가 있습니다.

욥기서는 그 사탄의 한계를 극명히 보여 줍니다. 옛날 동방에 욥이라는 의인이 살았습니다. 하나님께서 너무나 사랑하며 자랑하시는 의인이었습니다. 하루는 하나님의 천상회의에 사탄이 등장합니다. 하나님이 "어디 갔다 왔느냐?" 하니 "땅에 두루 돌아 여기저기 다녀왔다"고 대답하죠. 그러자 "네가 내 종 욥을 주의하여 보았느냐 그와 같이 온전하고 정직하여 하나님을 경외하며 악에서 떠난 자는 세상에 없느니라"(욥 1:8) 하며 욥을 자랑하십니다. 사탄이 발끈해서 항의합니다.

"하나님, 그것은 다 하나님의 축복 때문입니다. 어디 한번 그의 소유를 거두어 보십시오. 그의 건강도 거두어 보십시오. 그의 관계를 파괴해 보십시오. 아마 그는 대번에 하나님을 떠날걸요?"

"그래? 그러면 해봐라. 하지만 여기까지만 해라."

하나님이 사탄의 시험을 허락하면서 범위를 정해 주십니다. 처음에는 "몸에는 손대지 마라" 하시고 두 번째는 "생명은 손대지 마라" 하십니다. 사탄은 하나님이 정하신 범위 안에서만 욥을 못살게 굽니다. 누가 실세입니까? 누가 다스립니까? 지극히 높으신 하나님, 온 우주와 세상의 만물을 다스리시는 그분이 다스리십니다. 물론 사탄도 권세가 있어요. 그도 물질을 다룰 수 있습니다. 그도 우리의 육체를 칠 수 있고, 돈을 주었다 빼앗을 수 있으며, 자녀들도 앗아 갈 수 있습니다. 그런데 어디까지 할 수 있습니까? 하나님께서 정하신 범위까지입니다. 욥기를 통해 우리는 사탄의 영역까지도 다스리시는 하나님의 통치를 분명히 목도할 수 있습니다.

하나님의 여유를

처음에 한 질문으로 돌아가서 묻겠습니다. '엘 엘리온, 지극히 높으신 하나님, 온 우주와 세상의 주권을 가지고 이 땅을 다스리시는 하나님'의 이름을 믿는다는 것은, 오늘 우리에게 어떤 의미가 있습니까?

첫째, 우리가 '지극히 높으신 하나님'의 이름을 부르고 또 그 이름을 믿는다는 것은, 하나님 그분 때문에 우리 삶에 큰 '여유'가 생긴다는 것을 의미합니다. 어떤 일을 만났을 때, 인생의 병거와 말이 아닌 '엘 엘리온, 지극히 높으신 하나님'께 달려가면,

금방 무슨 일이 생길 것 같은 조급함이 사라지고 마음에 여유가 생겨납니다. "큰일 났네. 어떻게 하지?" 하기 전에 '엘 엘리온, 지극히 높으신 하나님'의 이름으로 달려가면, '아, 가만있어 봐. 오늘 이 세상과 내 인생을 다스리시는 하나님이 계시지? 아, 그분이 오늘도 내 인생을 주관하고 계시지? 그러면 그분이 이런 상황을 허락하시는 데는 이유가 있는 거지' 하면서 하나님이 주시는 여유가 자리하게 됩니다. 저는 이 여유가 하나님이 약속하신 '온유한 자의 축복'과 관련되어 있다고 믿습니다.

신명기 3장에는 드디어 요단 동편부터 시작된 가나안 땅 정복 이야기가 나옵니다. 하나님은 세 개의 지파, 즉 르우벤 지파, 갓 지파, 므낫세 반 지파가 요구한 요단강 동편의 땅들을 그들에게 허락해 주십니다. 재미있는 것은 지금까지 이스라엘 백성들의 행태를 보면, 그런 경우 곧바로 시기와 질투가 시작되어야 하는데, 이번에는 나머지 9개 지파가 잠잠합니다. "왜 저들만 땅을 먼저 분배받습니까? 우리는요?" 따지지 않습니다. 왜요? '하나님께서는 가나안 땅을 정복한 후 우리 각각의 지파들에게 나누어 주실 땅에 대한 계획, 큰 지도가 있다'는 사실을 그들이 알기 때문입니다. 그래서 이스라엘 백성은 조급해하지 않고 하나님께서 그날 그날 명하시는 진격 명령에 순종하여, 결국 60여 개에 이르는 가나안의 성읍을 정복해 갈 수 있었습니다.

그 여유로 인해 이스라엘 백성들은 쓸데없는 경쟁이나 다툼을 하지 않았습니다. 틀림없습니다. 하나님의 다스림과 주권을 믿는 자에게는 여유가 있습니다. 결국 모든 것을 합력하여 선을 이루시는 그분의 주권을 믿기 때문에 오늘 덜 중요한 것들을 가지고 아웅다웅하지 않습니다. 자연히 온유한 자가 됩니다. 그리고 주님은 온유한 자가 땅을 기업으로 얻을 것이라 하셨습니다.

혹시 오늘 조급하십니까? 이쪽을 보아도 큰일 날 것 같고, 저쪽을 보아도 큰일 날 것 같아 잠을 이루지 못하십니까? 하나님의 이 세 번째 이름, '엘 엘리온, 지극히 높으신 하나님'의 이름을 주목하십시오. 하나님의 그 크신 능력과 거기서 비롯된 여유를 바라보십시오. 물론 하나님은 너무나 바쁘신 분입니다. 할 일이 많으십니다. 챙기실 일도 많습니다. 하지만 그분은 결코 서두르시지 않습니다. 그리고 그분은 다 이루셨습니다.

그분의 이 큰 여유를 주목하십시오. 그 일 때문에 걱정하십니까? 그 문제 때문에 속이 타십니까? 우리 교회의 어떤 모습 때문에 안타깝습니까? 그러나 한 걸음만 뒤로 물러서서 '우리 인생과 가정과 교회의 행보를 주관하시는, 지극히 높으신 하나님의 이름'을 바라보십시오. 신뢰하십시오. 그분이 주관하고 계심을 기억하십시오. 그러면 '몰라, 내 건가 뭐?' 거룩한 배짱이 생깁니다. 순간 당신의 뜻대로 세상 만물을 주관하시는 그분 때문에, 그분에게서 오는 큰 여유를 소유할 수 있게 됩니다.

하나님께 감사를

둘째, '지극히 높으신 하나님의 이름'을 믿고 고백한다는 것은 자연스레 우리의 인생에 큰 감사가 자리하게 됨을 의미합니다. 앞에서 우리는 인정했습니다. 내 인생에 허락된 이 모든 상황들은 하나도 빠짐없이 하나님의 주권 아래 허락되고 주어진 것들임을 말입니다. 그렇다면 그 모든 것은 하나님의 선물이요, 따라서 감사의 조건이 됩니다.

우리는 하나님이 사랑하시는 자녀들에게 돌이 아니라 떡을 주시는 분임을 믿습니다. 그분은 뱀이 아니라 생선을 주시는 참 좋으신 하늘 아버지세요. 그렇다면 우리 삶의 결국을 선으로 바꾸실 아버지 하나님을 믿기 때문에, 인생의 여정에서 만나는 상황, 주어지는 환경, 사람, 사건, 심지어 고난과 위기까지도 하나님의 주권 아래 베풀어진 선물이라는 사실을 믿을 수 있습니다.

갈멜산에서의 전투 후 엘리야 선지자는 탈진해서 로뎀나무 아래에 누워 '죽여 달라' 절규합니다. 그만큼 엘리야 선지자가 힘이 들었습니다. 하지만 조금만 큰 그림으로 보면, 그의 외로움, 절망감, 고통, 절규까지도 하나님은 당신의 역사를 위한 선한 도구로 사용하셨다는 것을 알 수 있습니다. 다시 말해 그것까지도 선물이었습니다. 그것까지도 감사한 일이었습니다.

결국 우리의 시선이 '지극히 높으신 하나님의 이름, 엘 엘리온'에게 고정되면, 우리가 만나고 처하게 되는 모든 상황은 모두 하나님 안에서 감사의 조건이 될 수 있습니다.

하나님의 역사를

셋째, 우리가 하나님을 '엘 엘리온, 지극히 높으신 하나님'으로 믿는다는 것은, 바로 그러하기에 그분이 앞으로 행하실 일들도 크게 소망하고 기대하게 된다는 것을 의미합니다.

다만 이뿐 아니라 우리가 환난 중에도 즐거워하나니 이는 환난은 인내를, 인내는 연단을, 연단은 소망을 이루는 줄 앎이로다 | 롬 5:3-4 |

이 세상의 모든 것, 심지어 고난과 어려움까지도 주관하시는 하나님을 바라볼 때, 우리는 결국 그 일의 끝이 하나님의 선으로 바뀔 것을 믿기에, 진정한 소망을 갖게 됩니다. 그분의 이름이 생명입니다. 그분의 이름이 소망입니다. 하나님은 결국 모든 것을 합력하여 선을 이루게 하실 것입니다.

누가 물어요. 한국에서 그것도 김해에 가서 사역하게 되었는데, 거기에 아는 사람이 있냐고요. 걱정되지 않냐고요. 제 대답이 무엇일까요? "아니오"입니다. 새로운 곳이요? 아는 사람 한 명도 없는 곳이요? 저는 그 분야에서는 경력직입니다.

제가 첫 목회지인 강원도에 갔을 때, 그 동네에 대해 아는 것은 하나도 없었습니다. 캐나다 캘거리로 유학을 갔을 때도 제가 아는 것은 거기가 1988년에 동계 올림픽이 열렸던 곳이고, 그곳 사람들은 영어를 쓴다는 것뿐이었습니다. 한참 후 미국의 켄터키로 공부하러 갔을 때도 전혀 아는 분이 없었습니다. 그저 다섯 식구 비행기 삯을 아껴 중고차를 한 대 사서 5일간 텐트 쳐 가며 국경을 넘어 켄터키로 내려갔습니다. 학업을 마칠 즈음 "주님이 사역지를 찾아 주세요" 버텼고, 기적처럼 달라스연합교회의 청빙을 받아 부임했을 때도 마찬가지였습니다. 한 번도 안 가본 곳이었고, 아는 이 전혀 없는 곳이었습니다. 이후 LA에서의 부르심도 똑같았어요. 그러니 이번에 김해로 부르심을 받았을 때도 당연히 걱정하지 않았습니다. 어째서일까요? 김해에 계시는 하나님이 저 멀리 미국에 계셨던 하나님과 동일한 분이시기 때문입니다.

저는 '지극히 높으신 하나님, 엘 엘리온', 즉 이 모든 것을 주관하고 이끄시는 하나님을 믿습니다. 그러니까 어디를 가든

'뭐, 어디든 다 하나님의 영토이고, 그분의 다스림이 있는 곳인데 뭐' 하면서 갑니다. 이렇게 배짱을 부릴 수 있는 근거는 '엘 엘리온, 지극히 높으신 하나님'께서 내 인생의 모든 것을 주관하고 계심을 믿는 믿음에 있습니다. 그래서 저는 "몰라, 내 건가 뭐"라는 말을 자주 되뇌입니다. 목회도 마찬가지죠. 저는 압니다. 우리 교회의 주인은 언제나 예수 그리스도, 그분이심을 말입니다. 그러면 거룩한 배짱이 생겨요. 여러분 혹시 세월이 흐르면서 제 정신이 혼미해져 자기가 뭐라도 되는 양 설치거나, 자기가 교회의 주인이라도 되는 양 어리석게 굴면, 가차 없이 말씀해 주십시오. "그분이 엘 엘리온이십니다." 그게 저도, 여러분도, 우리 교회도 사는 길입니다.

캐나다의 남침례신학교에서 헨리 블랙커비(Henry T. Blackaby) 목사님을 통해 분명히 배운 게 있습니다. "He is God, but I'm not (그분이 하나님이고 나는 아니다)." 은사이신 이강천 목사님을 통해 배운 바도 있습니다. "종은 자기가 원하는 것을 하는 사람이 아니라, 주인이 원하는 것을 하는 사람이다." 이를 놓치지 않을 때, 저는 인생에 있어 절대로 덜 중요한 씨름을 하지 않을 수 있고, 정작 중요한 씨름을 감당하며 나갈 수 있습니다.

주권자이며 저를 다스리시는 하나님을 믿기에 제게는 하나님의 여유가 있습니다. "다 잘될 것입니다." 저 때문에요? 아니오. 우리의 주인, 우리 교회의 주인이신, 하나님 그분 때문이죠. 그 사실을 기억하면, 제 삶의 모든 것이 감사의 이유가 됩니다. 자연스레 제 인생과 우리 교회의 미래에 대해 낙관적이 될 수밖에 없습니다. 소망이 있어요. 우리가 성경적인 원리에 따라 예배, 양육, 교제, 전도, 봉사, 선교, 차세대를 위한 사역들을 충실히 해 나가면 교회인 우리는 건강하게 자라날 것입니다. 어떻게 그 일을 흐트러짐 없이 해낼 수 있을까요? 지극히 높으신 하나님, 당신의 주권을 가지고 우리를 이끄시는 하나님, 엘 엘리온을 믿는 믿음을 가질 때 할 수 있습니다.

하나님의 다스림을 기대하며

이제 여러분의 이야기를 해보십시오. 여러분은 우리 하나님이, 당신의 주권을 가지고 다스리시는 하나님, 엘 엘리온, 지극히 높으신 하나님이심을 정말로 믿습니까? 하나님이 말씀하십니다.

이제는 나 곧 내가 그인 줄 알라 나 외에는 신이 없도다 나는 죽이기도 하며 살리기도 하며 상하게도 하며 낫게도 하나니 내 손에서 능히 빼앗을 자가 없도다 | 신 32:39 |

그분이 하나님이십니다. 그러므로 결국 그분이 관건입니다. 종종 우리는 사람이 정말 대단한 존재인 줄로 착각합니다. 그럴 만도 하죠. 사람은 큰 쇳덩어리들을 하늘, 아니 우주로 날려 보냅니다. 최근엔 게놈 프로젝트로 인간의 DNA 구조를 파헤치고 있습니다. "정말 사람의 능력은 대단해!" 스스로 바벨탑을 쌓으며 부산을 떱니다. 하지만 내 인생에서 가장 중요한 생사화복(生死禍福)은 내가 어떻게 할 수 없습니다. 그것은 '세상을 주관하시는 하나님'만이 할 수 있는 일입니다.

이 진리를 이 땅에서 우리가 하는 일에도 적용하십시오. 우리 교회와 사역에도 적용하십시오. 절대로 착각하지 마십시오. 주님의 몸 된 교회는 여러분의 뜻으로 안 세워집니다. 목사의 뜻, 절대로 안 이루어집니다. 유력한 어떤 분의 뜻, 절대로 안 이루어져요. 오직 교회의 주인이신 예수 그리스도, 그분의 뜻만이 이루어질 것입니다. 왜요? 그분이 지극히 높으신 하나님이요, 오늘 우리 교회를 주관하고 계시는 분이기 때문입니다. 반복합니다. 그분이 다스리세요. 그분이 관건이에요. 바로 거기에 우리의 여유가 있고, 우리의 감사가 있고, 우리의 소망이 있습니다.

한나의 고백을 들어 보십시오.

여호와는 죽이기도 하시고 살리기도 하시며 스올에 내리게도 하시고

거기에서 올리기도 하시는도다 여호와는 가난하게도 하시고 부하게
도 하시며 낮추기도 하시고 높이기도 하시는도다 | 삼상 2:6-7 |

우리의 뜻대로가 아니라 언제나 그분의 뜻대로입니다. 그분
이 '엘 엘리온, 지극히 높으신 하나님'이시기 때문입니다.

해 뜨는 곳에서든지 지는 곳에서든지 나 밖에 다른 이가 없는 줄을 알
게 하리라 나는 여호와라 다른 이가 없느니라 나는 빛도 짓고 어둠도
창조하며 나는 평안도 짓고 환난도 창조하나니 나는 여호와라 이 모
든 일들을 행하는 자니라 하였노라 | 사 45:6-7 |

결국 오늘 우리가 지극히 높으신 하나님의 이름을 부르고
신앙하는 것은, 한 마디로 그분의 주권을 인정하는 것을 의미합
니다. 그분이 다스리십니다. 그분이 통치하십니다. 그분이 주
셨습니다. 그리고 그분이 이끄실 것입니다. 특별히 오늘 인생의
어려운 터널을 통과하고 있다면 이것을 기억하십시오. 그분의
사랑을 입은 우리이기에 "다 잘될 것입니다". 그냥 하는 말이 아
닙니다. 여러분을 너무나 사랑하시는 그분의 주권적인 사랑에
서 비롯된 격려입니다. 이쯤 되면, 빌립보서의 말씀을 그냥 흘
려들을 수 없습니다.

아무것도 염려하지 말고 다만 모든 일에 기도와 간구로, 너희 구할 것을 감사함으로 하나님께 아뢰라 그리하면 모든 지각에 뛰어난 하나님의 평강이 그리스도 예수 안에서 너희 마음과 생각을 지키시리라

| 빌 4:6-7 |

기억하십시오. '엘 엘리온, 지극히 높으신 하나님'의 이름은, 이 세상의 그 누구도, 천사도, 마귀도, 돈도, 어떤 삶의 환경도, 우리의 인생을 흔들지 못하게 할 것입니다. 그분의 그 이름 때문에, 우리는 이제 "하나님을 사랑하는 자 곧 그의 뜻대로 부르심을 입은 자들에게는 모든 것이 합력하여 선을 이루느니라"(롬 8:28)는 말씀을 의심 없이 믿고 고백할 수 있습니다. 억지로 믿으려고 애쓸 필요가 없어요. 만일 우리가 하나님의 다스림, 그분의 주권을 인정하면, 그 말씀이 너무도 당연한 것으로 믿어집니다. 그 말씀이 그 말씀 그대로 이해됩니다. "항상 기뻐하라 쉬지 말고 기도하라 범사에 감사하라"(살전 5:16-18)는 말씀이 더 이상 부담이 아니라 기쁨의 말씀이 됩니다. "너희는 먼저 그의 나라와 그의 의를 구하라 그리하면 이 모든 것을 너희에게 더하시리라(마 6:33)"는 말씀으로 우선순위를 결정할 수 있어요. 어렵지 않게 순종하게 됩니다. 이제 중요한 것은, 하나님을 내게 맞추는 것이 아니라, 나를 그분에게 맞추는 것입니다. 그분이 엘 엘리온이시니까요.

요셉의 선언

저는 이 장의 결론을 요셉 이야기로 하려고 합니다. 성경에 나오는 인물들 가운데 가장 힘든 인생을 살았지만, 또한 가장 아름다운 삶을 살았던 사람 하면 단연 요셉이라 할 수 있습니다. 맞아요. 그의 삶에는 온갖 추함과 더러움이 가득했습니다. 그는 형제들에게 미움을 받고 배신을 당했습니다. 죽임을 당하기 직전에 겨우 살아나지만, 이제는 이방 땅의 노예로 팔려 갑니다. 여러분, 노예가 성실하기는 결코 쉽지 않습니다. 죄수가 성실하기는 더 쉽지 않습니다. 하지만 요셉은 인생의 곤고함을 성실함으로 통과하며, 하나님께서 피디가 되시는 감동적인 드라마의 주인공이 됩니다.

놀라운 것은, 그가 그 험난한 인생의 골짜기들을 통과하면서 단 한 번도 누구를 미워하거나 하나님을 원망하거나 자신의 불행을 저주한 적이 없다는 것입니다. 오히려 요셉은 차분함 속에서 흔들리지 않고 "때가 되면 너희를 높이시리라" 하신 하나님의 손길로 그의 창고를 통해 애굽과 그 지경을, 또 극심한 기근 속에 있던 70인의 히브리인 가족을 구원함으로써 하나님의 구원 역사에 동참했습니다. 하나님은 이스라엘을 큰 민족으로 세우는 데 요셉을 귀하게 사용하셨습니다.

어떻게 그럴 수 있었을까요? 요셉의 고백에서 이 모든 얽히

고설킨 이야기가 선명히 이해됩니다. 긴 여정 끝에 드디어 애굽의 국무총리가 된 요셉은 식량을 구하러 가나안에서 내려온 형제들을 만납니다. 감동적인 서사 몇 구간을 지난 뒤 마침내 요셉은 "내가 요셉이라" 하고 자기의 정체를 밝히게 되죠. 그 순간 요셉의 복수를 두려워하던 형제들에게 요셉은 잠잠히 고백합니다.

> 당신들이 나를 이곳에 팔았다고 해서 근심하지 마소서 한탄하지 마소서 하나님이 생명을 구원하시려고 나를 당신들보다 먼저 보내셨나이다… 하나님이 큰 구원으로 당신들의 생명을 보존하고 당신들의 후손을 세상에 두시려고 나를 당신들보다 먼저 보내셨나니 그런즉 나를 이리로 보낸 이는 당신들이 아니요 하나님이시라 | 창 45:5, 7-8 |

할렐루야! 놀라지 마십시오. 바로 그날 요셉이 믿고, 고백하고, 불렀던 하나님의 이름이 바로 '엘 엘리온, 지극히 높으신 하나님'입니다. 그렇다면 틀림없군요. 그날, 바로 그분의 이름, 그분의 주권에 대한 분명한 인식이, 요셉으로 하여금 그 고통의 긴 터널을 하나님의 여유로, 그분이 주신 감사로 그리고 믿음으로 인한 소망으로 반응하게 한 것입니다. 즉 인생의 모든 것을 주관하시는 하나님, 그분의 주권에 대한 신뢰가, 그날 그 구덩이에서의 요셉을, 보디발 집에서의 요셉을, 감옥 속에서의 요셉을 그리고 총리가 된 요셉을 그토록 아름다운 인생의 주인공으로 만들어 준 것입니다. "당신들이 아니라 하나님이 나를 이곳에 보내신 것입니다." 그 하나님의 주권을 향한 신뢰 때문에, 그는 그 절박한 상황 속에서 더 이상 미움의 노예, 원망의 노예, 파괴의 노예가 아니라 화해의 노예로, 축복의 노예로 그의 인생길을 걸어갈 수 있었습니다. 결국 하나님의 주권, 그것이 관건입니다.

여러분, 혹시 오늘 인생이 이해되지 않고 너무 버거워서 "하나님 뭐 이러시냐? 날 사랑하기는 하시는 거냐? 있다면 좀 똑바로 하시지" 하며 원망하고 있습니까? 이것 때문에, 저것 때문에, 또는 이 사람 때문에, 저 사람 때문에 불평하고 원망하고 있습니까? 그렇다면 빨리 여러분의 시선을 나 자신에게서, 그 사람에게서, 그 힘든 상황에게서 돌이켜 엘 엘리온, 지극히 높으신 하나님, 오늘도 온 세상 만물을 다스리시는 하나님 그분에게로 돌리십시오. 잠잠히 그분의 이름, 엘 엘리온을 부르십시오. 고백하십시오.

"하나님, 제가 이 시간, 이 세상 모든 만물과 제 인생을 주관하시는 하나님의 이름을 부릅니다. 제가 그 이름을 믿습니다. 엘 엘리온, 지극히 높으신 하나님, 하나님을 제 인생의 모든 영역에 다시금 나의 하나님으로 고백합니다. 이제 그 이름을 부

름에서 오는 하나님의 여유, 감사 그리고 소망을 제게 허락하여
주시옵소서. 하나님의 다스림과 이끄심으로 둘러싸인 제 인생
을 바라보게 하옵소서."

4장

풍성하신 하나님, 엘 샤다이

| 창 17:1-10 |

설교 영상

닉 부이치치가 만난 하나님

닉 부이치치를 아시나요? 닉 부이치치는 호주의 세르비아 출신 목회자의 가정에서 태어났지만, 그 인생에 짊어진 삶의 무게로 인하여 여덟 살 이후 세 번이나 자살을 시도했던 사람입니다. 팔과 다리가 없는 채로 태어났으니 얼마나 힘들었을까요? 하지만 15세가 되던 해 하나님을 만나 변화된 후 닉 부이치치는 'Life Without Limbs'라는 단체를 이끄는 대표로서 전 세계를 다니며 희망을 전하는 전도자로 살고 있습니다. 유튜브에는 그의 강연 영상들이 많이 올라와 있는데요, 하나하나 의미가 크고 도전을 줍니다. 특히 그 제목들이 무척이나 의미심장해요.

인생이 힘들 때-나는 행복합니다, 열심히 살아야 하는 이유, 닉 부이치치 '희망의 씨앗', 닉 부이치치 '다시 일어나면 됩니다⋯.'

큰 감동을 받아 《닉 부이치치의 허그》도 하나 사서 보았습니다. 그 책의 마지막 장에 그가 이야기하고자 하는 내용이 잘 요약되어 있습니다.

어려서는 팔 다리가 없다는 사실이 결코 넘을 수 없는 장벽처럼 보였지만, 사실 내 장애는 여러 가지 측면에서 큰 축복이었다. 무엇보다도 그 덕에 하나님을 좇는 길을 찾았기 때문이다. 이제 나는 내 존재의 이유가 역경을 재료로, 하나님을 영화롭게 하고 이웃들의 기운을 북돋는 가르침을 빚어 내는 것임을 안다… 주님은 내게 복을 주셔서 다른 이들에게 은혜를 전하게 하셨다. 자신이 가진 축복을 열심히 나누라. 그러면 수백, 수천 배의 열매를 거두게 될 것이다. 하나님은 당신을 사랑하는 이들에게 가장 좋은 선물을 풍성히 베풀어 주신다.

만일 이 고백이 재벌 집 아들이 한 것이라면 쉽게 수긍이 되지 않았을 것입니다. 그러나 이 고백이 태어날 때부터 많은 것이 부족했던 닉 부이치치의 고백이기 때문에 진지하게 듣게 됩니다. 비극이라고밖에 말할 수 없는 그의 삶, 부족함이라고밖에 말할 수 없는 그의 삶이 어떻게 저리도 행복하고, 풍성하고, 또 아름답게 변화되었을까요? 한마디로 그가 풍성하신 하나님을 만나고 체험했기 때문입니다. 희망 없고, 춥고, 외롭고, 그래서 너무도 당연히 비극으로 끝날 수 있었던 그의 이야기는, 전능하신 하나님, 특별히 풍성하신 하나님의 이야기로 이어집니다. 이번 장에서 우리가 만날 하나님의 이름은 '엘 샤다이, 풍성하신 하나님'입니다.

엘 샤다이, 풍성하신 하나님

창세기 17장에는 하나님의 이름 '엘 샤다이'가 '전능하신 하나님'으로 소개됩니다. 아브라함(아브람)의 이야기를 아시죠? 구십구 세에 이른 아브람에게 하나님이 현현하셔서 직접 당신의 이름을 계시하면서 언약을 확증해 주십니다.

> 아브람이 구십구 세 때에 여호와께서 아브람에게 나타나서 그에게 이르시되 나는 전능한 하나님이라 너는 내 앞에서 행하여 완전하라 내가 내 언약을 나와 너 사이에 두어 너를 크게 번성하게 하리라 하시니
> | 창 17:1-2 |

하나님은 아브람에게 나타나 언약하시기를 세 번이나 반복하셨습니다. 각각 창세기 12, 15, 17장에서였어요. 재미있는 것은, 12장에서는 "여호와께서 아브람에게 이르시되"라고 되어 있고, 15장에서는 "여호와의 말씀이 환상 중에 아브람에게 임하여 이르시되"라고 되어 있으며, 마지막 17장에서는 "여호와께서 아브람에게 나타나서 그에게 이르시되"라고 되어 있다는 것입니다. 하나님의 현현하심과 말씀하심이 점점 더 분명해지고 풍성해지고 있습니다.

17장의 "나는 전능한 하나님이라 너는 내 앞에서 행하여 완전하라"(창 17:1) 말씀하실 때 나오는 "전능한 하나님"이 곧 '엘

샤다이'입니다. 우리는 앞에서 '엘로힘'이라는 그분의 이름이 '전능하신 하나님'이라는 뜻임을 알았습니다. 그분은 나를 지으신 '창조주 하나님'이시라는 의미였어요. 그런데 여기서 만나게 되는 이름 '엘 샤다이' 또한 '전능하신 하나님'으로 번역되어 있습니다. 그러나 그 의미는 조금 다릅니다. 즉 '엘로힘, 전능하신 하나님'은 그분이 '창조주'가 되신다는 의미가 강조된 반면, '엘 샤다이, 전능하신 하나님'은 그분의 또 다른 성품인 '풍성함'을 드러내는 이름입니다. 물론 아브람은 그 전에도 '엘 로이, 보고 계시는 하나님' '엘로힘, 전능하신 하나님' 그리고 '엘 엘리온, 지극히 높으신 하나님'을 알고 있었습니다. 하지만 하나님은 그 날의 아브라함과 오늘의 우리에게 당신을 '엘 샤다이, 풍성하신 하나님'으로 또다시 계시하십니다.

앞에서 말씀드렸듯이, '엘'은 '하나님'을 의미하는 말로 힘 또는 능력을 뜻합니다. 하나님 그분은 무한한 힘과 능력을 가진 전능자시라는 것입니다. 거기에는 이견이 없어요. 그런데 한 가지 더 알아야 할 게 있는데 그것은 그 이름에는 하나님의 남성적, 또는 부성적인 의미에서의 '힘과 능력'이 내포되어 있다는 것입니다. 그에 반해 '샤다이'에는 똑같은 힘과 능력이지만, 여성적, 특별히 모성적인 의미가 담겨 있습니다.

17세기 신학자 앤드루 주크스(Andrew Jukes)는 "'샤다이'라는 이름에는 능력의 의미가 담겨 있습니다. 그러나 그것은 강포를 행하는 능력을 뜻하지 않고, 모든 것에 풍성함으로 더해 주시는 능력을 뜻합니다. 즉 심판하실 때의 능력, 그 파괴적인 힘을 이야기하는 것이 아니라, 반대로 사랑의 축복을 부어 주실 때의 풍성한 능력, 그 힘을 의미합니다"라고 설명합니다. 둘 다 똑같은 힘과 능력이지만, '엘'이 남성적인 힘과 능력을 의미한다면, '샤다이'는 여성적인, 모성적인 힘과 능력을 의미한다는 겁니다. 사실 샤다이라는 단어는 히브리어 '샤드(가슴)', 좀 더 정확히 표현하면 엄마의 젖가슴에서 파생된 말이라고 해요. 파크허스트(Helen Parkhurst)의 부연 설명도 우리의 이해를 돕습니다. "샤다이(Shaddai)라는 하나님의 이름은, '부어 주는 자' 또는 '내어 주는 자'의 의미를 가지고 있습니다. 결국 이는 '영육 간에 부어 주시는 그분의 축복'을 말한다 할 수 있습니다."

정리하면 이렇습니다. 하나님의 이름 '엘 샤다이'는 우리에게 생명을 부어 주시고, 모든 소산을 풍성케 하는 '젖을 주시는 하나님' 또는 '풍성한 은혜를 나누고 부어 주시는 하나님'이란 의미를 가집니다. 아이를 낳아 키운 어머니라면 이 표현을 금방 이해할 것입니다.

여기에 한 아기가 울고 있습니다. 달래 보고 안아 보고 얼러 보지만 아기의 울음소리가 점점 더 커집니다. 그 어떤 것도 그

울음을 멈추지 못해요. 그러나 엄마에게는 그 문제를 해결할 수 있는 좋은 방법이 하나 있죠. 바로 풍성한 엄마의 젖을 물리는 것입니다. 아기는 바로 차분해지고 또 안정감을 되찾습니다.

저쪽의 아기도 배고파 울고 있다 합시다. 너무 힘들고 안타까운 상황으로 그 생명이 꺼져 가고 있습니다. 그런데 보십시오. 비록 거기에 아무리 맛있는 산해진미가 있어도 아기는 그 음식을 먹을 수 없습니다. 그 순간에는 오직 엄마의 젖만이 그 아기에게 생명을 줄 수 있고, 자라나게 할 수 있어요. 다시 말해 그 순간, 그 아기에게 있어 엄마의 젖은 '무한한 능력이요 생명의 원천'입니다. 그리고 바로 그런 의미에서 하나님은 모든 피조물에게 자신을 쏟아 부으며 생명을 나누어 주시는 엘 샤다이, '풍성하게 부어 주시는 하나님'이십니다.

맞습니다. 성부 하나님은 흙으로 사람을 만드시고, 그 코에 생기를 불어넣음으로 우리에게 당신의 생명을 나눠 주셨습니다. 성자 예수님은 이 세상에 오셔서 당신 자신을 우리에게 내어 주셨습니다. 성령 하나님은 우리에게 당신의 새 생명을 불어넣어 주십니다.

예수께서 이르시되 나는 생명의 떡이니 내게 오는 자는 결코 주리지 아니할 터이요 나를 믿는 자는 영원히 목마르지 아니하리라 | 요 6:35 |

명절 끝날 곧 큰 날에 예수께서 서서 외쳐 이르시되 누구든지 목마르
거든 내게로 와서 마시라 나를 믿는 자는 성경에 이름과 같이 그 배에
서 생수의 강이 흘러나오리라 하시니 | 요 7:37-38 |

성찬 예식은 하나님의 생명을 먹고 마심으로 그분의 영원한
생명에 참여하는 의례입니다.

내가 너희에게 전한 것은 주께 받은 것이니 곧 주 예수께서 잡히시던
밤에 떡을 가지사 축사하시고 떼어 이르시되 이것은 너희를 위하는
내 몸이니 이것을 행하여 나를 기념하라 하시고 식후에 또한 그와 같
이 잔을 가지시고 이르시되 이 잔은 내 피로 세운 새 언약이니 이것을
행하여 마실 때마다 나를 기념하라 하셨으니 | 고전 11:23-25 |

우리는 성찬식을 통해 하나님의 생명을 먹고 마심으로 그분
의 영원한 생명에 참여합니다. 또한 성령 하나님도 우리에게 당
신의 새 생명을 불어넣는 분이세요. 우리 하나님은 풍성하신 하
나님, 그 풍성함을 우리에게 나누어 주시는 엘 샤다이의 하나님
입니다.

아브라함의 엘 샤다이 하나님

아브라함의 삶을 보십시오. 가장 먼저 아브라함에게는 아들, 즉 후사의 축복이 주어졌습니다. 사실 하나님께서 아브람을 불러내시며 주신 언약이 이루어지기까지 자그마치 24년이라는 긴 기다림의 세월이 필요했습니다. 그 사이에 몇 번의 위기가 있었죠. 하갈과 이스마엘 사건이 그 대표적인 위기라 할 수 있습니다. 하지만 하나님은 분명 아브람과 사래 사이에서 태어나는 후사를 통하여 당신의 언약과 축복을 이어 가시겠노라 말씀하셨습니다.

그래서 기다렸습니다. 하루 이틀 사흘, 1년 2년 3년… 무려 24년을 기다렸습니다. 24년이 지난 지금도 하나님은 "아들을 주시겠노라" 말씀만 하십니다. 그런데 로마서 4장은 당시의 아브라함에 대해 이렇게 증언합니다.

그가 백 세나 되어 자기 몸이 죽은 것 같고 사라의 태가 죽은 것 같음을 알고도 믿음이 약하여지지 아니하고 | 롬 4:19 |

상황은 거의 절망적입니다. 아브라함은 자기의 몸과 사라의 태가 죽은 것같이 되었다는 것을 잘 알고 있습니다. 하지만 그는 끝까지 하나님의 약속을 믿었습니다. 그리고 한순간 기적적으로 그 귀한 약속의 후사, 이삭을 얻게 되었습니다. 풍성하신 하나님, 엘 샤다이 하나님의 축복이었습니다.

하나님이 아브라함에게 주신 두 번째 축복은 새로운 이름입니다.

> 너는 여러 민족의 아버지가 될지라 이제 후로는 네 이름을 아브람이라 하지 아니하고 아브라함이라 하리니 이는 내가 너를 여러 민족의 아버지가 되게 함이니라 | 창 17:4-5 |

원래 아브람은 '우리의 아버지가 높임을 받으신다'라는 뜻을 가진 이름입니다. 그런데 하나님은 그 이름에 글자 하나를 덧붙이셔서 아브라함이 되게 하셨습니다. 이는 '여러 민족의 아버지'라는 뜻입니다. 성경에서 이름이 바뀐다는 것은 인생 전체의 변화를 예고하는데, 과연 아브라함은 전혀 다른 차원의 인생을 살기 시작했습니다.

그 새로운 이름에는 특별히 하나님 자신의 이름인 여호와에 사용되는 h가 덧붙여졌습니다. 하나님은 아브람에게 아브라함이라는 이름을 새롭게 주시면서 특별히 당신의 이름에 담긴 당신의 본성 중 하나를 주셨습니다. 그것이 아브람을 아브라함 되게 한 새 이름의 축복입니다.

이어지는 하나님의 세 번째 축복은 번성입니다.

내가 너로 심히 번성하게 하리니 내가 네게서 민족들이 나게 하며 왕
들이 네게로부터 나오리라 | 창 17:6 |

맞습니다. 그날 이후, 하나님 약속의 후손으로 태어난 사람
들, 즉 아브라함의 혈통에서 태어난 유대인들이 얼마나 많아졌
는지 모릅니다. 그들이 겪은 고난과 역경, 특별히 2차 세계 대전
과 히틀러의 학살에도 불구하고, 지금도 유대인들은 전 세계에
2천만 명가량 살면서 막강한 영향력을 행사하고 있어요. 거기
에 그의 영적인 후손들까지 더하면, 정말 엄청난 번성의 축복이
내려졌습니다.

그게 다가 아니죠. 네 번째 축복은 하나님 자신이었습니다.

내가 내 언약을 나와 너 및 네 대대 후손 사이에 세워서 영원한 언약을
삼고 너와 네 후손의 하나님이 되리라 | 창 17:7 |

하나님은 아브라함과 그의 자손인 이스라엘에게 친히 기업
이 되어 주셨습니다. 아브라함의 하나님, 이삭의 하나님, 야곱
의 하나님 그리고 나의 하나님이 되어 주신 것입니다. 또 땅의
축복도 주셨습니다.

내가 너와 네 후손에게 네가 거류하는 이 땅 곧 가나안 온 땅을 주어

훗날 그 약속은 출애굽과 광야 시대 이후, 여호수아와 함께 성취되죠.

그리고 마지막으로 하나님은 아브라함에게 언약의 의식으로 할례 행위까지도 주십니다. 창세기 17장 10절에서 하나님은 아브라함의 후손들에게 할례를 요구하십니다. 그 명령에 따라 유대인들은 남자아이를 낳으면 8일 만에 아기의 생식기의 양피를 베어 피를 흘리게 함으로써 거룩히 구별된 하나님의 백성으로 성별합니다. 이는 자기 심판과 자기희생을 상징하며, 또한 자기의 연약함을 하나님의 강함으로 대치하는 상징적인 행위입니다. 이처럼 하나님은 '풍성하신 하나님, 엘 샤다이의 하나님'으로 아브라함에게 나타나서 실제적이고 풍성한 축복을 쏟아부으셨습니다.

오늘 우리의 삶에도

저는 그 풍성하신 하나님의 축복이 오늘 우리 인생에도 동일하게 부어지기를 간절히 소원합니다. 아니 그 전에 그분의 이름 '엘 샤다이'를 묵상함으로써 '풍성하신 하나님'을 바라보고,

기대하고, 믿고 신뢰하는 실제적인 믿음의 회복이 일어나기를 소원합니다. 그분은 우리가 당신의 풍성하심을 정말로 맛보기를 원하시는 분입니다. 그분의 풍요로움을 경험하기를 원하세요. 하나님은 우리 삶의 갈피마다 하나님의 풍성하심을 드러내기를 원하십니다.

보십시오. 아브라함에게 풍성한 복을 주심으로 복의 근원이 되게 하신 하나님은 그의 아들인 이삭에게도 당신의 풍성함을 맛보게 해주셨습니다. 창세기 26장에는 이삭이 농사를 지었는데 100배의 수확을 거두었다고 기록되어 있습니다. 비전문가인 제 소견에도 30~40%의 이익만 나도 엄청난 성공이라 할 것입니다. 그런데 100배라니요! 하나님의 풍성하신 축복이 아니면 나올 수 없는 성공입니다.

그뿐이 아닙니다. 바로 이어서 광야에서 우물을 파는 이야기가 나옵니다. 이상하게도 이삭은 자기의 가문을 위해 생명을 걸고 지켜야 할 우물을 양보하고 또 양보합니다. 그런데도 그가 파는 곳마다 물이 터져 나오는 기적을 경험합니다. 결국 지금껏 텃세를 부리던 그 지역의 실력자가 그에게 와서 먼저 화친을 청합니다. "우리가 졌소. 당신은 보통 사람이 아니오. 당신에게는 하나님의 축복과 형통함이 있구려. 우리 친하게 지냅시다." 하나님이 부어 주신 형통함, 풍성함은 이런 것입니다.

이삭의 아들 야곱은 어떻습니까? 도망자의 신세가 되어 밧 단아람을 향하던 야곱에게 하나님은 하늘 사닥다리의 꿈으로 나타나서 은혜를 베푸셨습니다. 야곱이 다시 고향 땅으로 돌아 올 때까지 먹을 것과 입을 것이 떨어지지 않는 축복을 베푸신 것입니다. 야곱은 물질적으로나 가정적으로나 풍성해져서 고 향 땅으로 돌아올 수 있었습니다.

형통 하면 요셉을 빼놓을 수 없습니다. 노예가 되고 죄수가 된 중에도 요셉은 형통한 자라는 칭송을 듣던 사람입니다. 결국 요셉은 담장을 넘어 뻗어 가는 풍성한 축복의 산증인이 되었습 니다.

사실 이런 이야기는 이후 성경과 역사와 우리의 경험 속에 서 계속 반복되고 있습니다. 그리하여 우리는 알게 됩니다. 우 리의 하나님은 정말로 '풍성하신 하나님, 엘 샤다이의 하나님' 이시라는 사실을 말입니다.

풍성하신 하나님을 아는가? 믿는가?

이쯤에서 늘 하던 질문을 해야겠습니다. '엘 샤다이, 풍성하 신 하나님'을 믿는다는 것은 오늘의 내 삶에서 구체적으로 어떤 의미가 있습니까? 시편 20편 말씀처럼 병거와 마병이 아닌 하나님의 이름으로 달려가기 위해, 오늘 우리는 이 말씀을 어떻게 적용해야겠습니까?

혹시 힘든 상황 때문에 이런 저런 기대를 다 접으셨습니까? 인생의 어떤 영역이든 하나님의 풍성한 은혜를 아직 경험해 보지도 못했고, 그래서 기대조차 안 하고 계십니까? 예전에는 경험했는데 지금은 경험하지 않고 있습니까? 만일 그렇다면 아브라함처럼 하나님의 놀라운 이름 앞에 나아가 서 보시기를 바랍니다.

기억하십시오. 아브라함은 "바랄 수 없는 중에 바라고 믿었"(롬 4:18)습니다. 그날 아브라함의 형편은 믿을 만하지도 바랄 만하지도 않았습니다. 너무 늙어 자식을 가질 수 있는 몸이 아니었습니다. 아브라함은 물론 사라도 마찬가지였습니다. 그런데 아브라함은 바랄 수 없는 중에도 하나님을 향한 기대를 버리지 않았습니다. "이는 네 후손이 이 같으리라 하신 말씀대로 많은 민족의 조상이 되게 하려 하심이라"(롬 4:18)고 하나님의 약속을 의심 없이 믿었기 때문입니다.

여러분은 정말로 어려울 때, 힘들 때, 절망할 때, 궁핍할 때, 소망이 없을 때, 당신의 풍성함으로 내 삶을 채워 주실 '엘 샤다이 하나님'께 나아가고 있습니까? 우리는 이미 들었고 알고 있습니다. 우리의 하나님은 하늘의 온갖 좋은 것으로 우리에게 풍성하게 부어 주기를 기뻐하시는 엘 샤다이의 하나님이라는 것을 말입니다. 그렇다면 정말로 그분께 그것을 바라며 나아가고 있습니까? 정말로 간절하게 하나님의 축복을 구하며 나아가고 있습니까?

만일 그러지 않는다면 그 이유가 무엇일까요? 생각해 보십시오. 혹시 나에게 많은 것을 풍성히 부어 주기 원하시는 '엘 샤다이' 하나님을 아는 것 같지만, 실제로는 모르는 것 아닙니까? 머리로는 풍성한 은혜를 주시는 하나님, 축복을 넘치도록 주시는 하나님으로 알고 있지만, 그 하나님을 '아브라함의 하나님, 이삭의 하나님, 야곱의 하나님, 요셉의 하나님'으로만 알고 있지 않습니까? 그 하나님이 나의 하나님으로는 믿어지지는 않는 것 아닙니까? 그렇기에 엘 샤다이 하나님이 내 삶에서 구체적으로 영향을 끼치지 않는 것 아닙니까? 그렇기에 하나님 대신 병거와 말에게로 달려가는 것 아닙니까?

그렇다면 아브라함을 다시 주목하시기 바랍니다. 하나님께서 "내가 내 언약을 나와 너 사이에 두어 너를 크게 번성하게 하리라"(창 17:2) 하셨을 때 아브라함이 "엎드렸더니"라고 성경은 말하고 있습니다. 뭐라고요? "아브람이 엎드렸더니"(창 17:3).

우리가 할 일은 바로 이것입니다. 하나님을 정말로 '풍성하신 하나님'으로 믿는다면, 아브라함이 그런 것처럼 그분 앞에 엎드리는 것입니다. 아브라함이 엎드렸더니 하나님은 정말 놀라운 약속을 주셨습니다.

> 보라 내 언약이 너와 함께 있으니 너는 여러 민족의 아버지가 될지라 이제 후로는 네 이름을 아브람이라 하지 아니하고 아브라함이라 하리니 이는 내가 너를 여러 민족의 아버지가 되게 함이니라 |창 17:4-5|

이제 우리가 할 일은 분명합니다. 하나님 앞에, 그 엘 샤다이의 하나님 앞에 전심으로, 온 맘으로 엎드리는 것입니다. 내 경험, 내 상식, 내 고집을 꺾고 가난한 마음으로 부복하는 것입니다. 전적으로 그분을 신뢰하는 것입니다. 그리고 그분의 풍성하심을, 그 은혜를 사모하며 간구하는 것입니다. '설마 주시겠어? 나에게까지 은혜를 베푸시겠어?' 하는 불신앙이 아니라, 그분의 이름을 믿는 '믿음'으로 구하십시오. 정말로 간구하십시오.

누가복음 15장에는 탕자의 비유가 나옵니다. 집 나간 둘째 아들이 뉘우치며 아버지 집으로 돌아오자, 아버지가 너무 기뻐서 새 옷을 입히고 손에 가락지를 끼우고 발에 신을 신긴 후 살진 송아지를 잡아 큰 잔치를 벌였습니다. 이때 밭에서 돌아온 첫째 아들이 아버지한테 "내가 여러 해 아버지를 섬겨 명을 어김이 없거늘 내게는 염소 새끼라도 주어 나와 내 벗으로 즐기게 하신 일이 없더니 아버지의 살림을 창녀들과 함께 삼켜 버린 이 아들이 돌아오매 이를 위하여 살진 송아지를 잡으셨나이다"(눅 15:29-30)라며 항의합니다. 집에도 들어가지 않고 버팁니다.

너무나 가슴 아픈 장면입니다. 맏아들은 아버지에 대한 생각이 완전히 어긋나 있는 집 안의 탕자였습니다. 만일 맏아들이 "아버지, 저도 친구들 한번 초대할 테니, 염소 새끼 한 마리 잡아 주세요." 했다면 어땠을까요? 당연히 잔치를 베풀어 주셨을 것입니다. 하지만 맏아들은 아버지께 구하지도 않았습니다. 그러고는 동생한테 베푼 일에 대해 시기하며 집에도 들어오지 않고 저 바깥에 있는 겁니다.

여러분, 우리 하나님이 어떤 분인지 제대로 배우기 바랍니다. '엘 샤다이, 풍성하신 하나님'은 우리에게 가장 좋은 것으로 풍성히 부어 주기를 원하시는 분입니다. 당신의 소유, 은사, 성품, 심지어 당신의 생명까지도 풍성히 주기를 원하시는 하나님입니다. 그러므로 그분의 그 풍성함을 기대하며 바라보십시오. 그리고 그분을 향한 마음을 '엎드림'으로 표현하십시오. 그 순간 '엘 샤다이, 하나님의 그 풍성함'은 그날의 아브라함 것만이 아니라, 오늘 우리의 것이 될 것입니다.

믿음이 없이는 하나님을 기쁘시게 하지 못하나니 하나님께 나아가는 자는 반드시 그가 계신 것과 또한 그가 자기를 찾는 자들에게 상 주시는 이심을 믿어야 할지니라 | 히 11:6 |

단순하게 믿으십시오. 어린아이와 같이 말씀을 그대로 받으십시오. 그리고 정말 진지하게 그분의 풍성하신 은혜와 축복을 구하십시오. 끔찍한 이기주의인 '기복신앙의 하나님'이 아니라 바른 믿음에서 비롯된 '엘 샤다이의 하나님'으로부터 오는 풍성함이 여러분이 도저히 감당할 수 없을 만큼 체험되기를 축복합니다.

은진이의 바이올린

캐나다에서 교육목사로 섬기며 유학 생활을 했을 때, 형편이 넉넉지 못했습니다. 검소한 제 아내 덕에 빠듯한 사례비로 한 달 한 달 살아갔지요. 당연히 아이들한테 제대로 해줄 수 있는 게 없었습니다. 첫째 은진이가 초등학교 2학년쯤이었을 때, 아내로부터 은진이가 바이올린을 배우고 싶어 한다는 말을 듣게 되었습니다.

당시 저는 교회 식구들 심방을 다니고 있었기에 바이올린을 배우기 위한 비용이 얼마쯤 되는지 잘 알고 있었습니다. 바이올린만 몇 백 불 하는 데다 매달 레슨비가 수십 불이었으니 당시 우리 집 형편에 바이올린 레슨비를 감당하기는 어려웠습니다. 마음은 해주고 싶지만 그럴 수 없으니 못 들은 척해야 했습니다. 미안하지만 할 수 없었습니다. 그게 당시 우리 집 형편이었어요. 나중에 안 사실인데, 아내는 모른 척하는 저로 인해 속이 많이 상했다고 합니다.

사실 첫째 은진이는 오래전부터 바이올린을 배우고 싶어 했습니다. 언젠가 아이가 어느 집 심방을 따라갔다가 그 집 바이올린을 보고서 한 번 만져 보려 했는데 그 집 언니가 못 만지게 했답니다. 은진이는 그게 너무 부러워서 엄마에게 혹시 바이올린을 배울 수 있느냐고 물었다는 거죠. 엄마는 차마 '그럴 수 없다' 딱 잘라 말하지 못하고 대신 이렇게 말했답니다. "은진아, 지금 우리 형편에는 너에게 바이올린 레슨을 시켜 줄 수 없어 너무 미안하구나. 하지만 네가 정말로 배우고 싶으면, 우리 하나님께 기도해 보자. 하나님은 너를 사랑하시니까 길을 열어 주실지도 모르잖니."

그렇게 이 일은 일단락되었습니다. 그런데 나중에 알고 보니, 은진이는 엄마의 이야기를 듣고 정말 진지하게 기도를 시작했다는 것입니다. 놀랍게도 하나님이 그 소녀의 기도를 들어주셨습니다. 어떻게요? 얼마의 시간이 흘러 그 해의 성탄 발표회가 열렸습니다. 우리 딸이 지금도 예쁘지만, 그때는 정말 인형처럼 예뻤습니다. 얼굴도 하얗고 눈도 큼지막하고 분위기까지 있어서 어디를 가나 눈에 띄었죠. 발표회를 하는데, 우리 딸이 앞에 나가 율동도 하고, 어린이 성가대로 찬양도 하고 하는데 조명까지 받으니 얼마나 예뻤는지 모릅니다.

그 발표회가 끝나고 일이 벌어졌습니다. 한 성도가 은진이의 손을 잡고 이렇게 물었습니다.

"은진아, 네가 너무너무 예뻐서 그러는데, 하나님께서 너에게 선물을 하나 꼭 해주고 싶은 마음을 주셨단다. 그러니 너 정말로 갖고 싶거나 하고 싶은 것이 있으면 말해 보렴. 내가 정말로 뭘 해주고 싶어서 그러는 거야."

이때 우리 딸이 뭐라고 말했을까요? 그 전에 이걸 말해 둬야겠습니다. 저희 딸은 어려서부터 일찍 철이 들어 어떤 때는 징그럽기까지 했던 아이입니다. 세 살 때, 그 어린 아이 입에서 이런 말이 나올 정도였습니다. "교회 불 껐냐고? 교회 전기세는 누가 내냐고?" 큰맘 먹고 크리스마스 선물이라도 하나 사 주려고 가게에 데려가면 뭘 덥석 집지도 못했습니다. 되레 철없는 동생이 인형이라도 하나 집어 들면 혼을 냈지요. 그러던 아이가 그날 어디서 그런 용기가 났는지 "저 바이올린을 배우고 싶어요"라고 말했던 겁니다.

그런데 놀랍게도 그분이 저의 거절에도 불구하고 그다음 날 당장 바이올린을 렌트하고 레슨 선생을 알아보고 게다가 매주 레슨 장소까지 아이를 데려가 주었습니다. 자그마치 1년을 그렇게 해주었습니다.

제가 하고 싶은 말은 이것입니다. 참 부끄럽지만 그날 저의 믿음은 "철딱서니 없는 소리 하고 있네. 사람이 분수를 알아야지"였고요, 제 아내의 믿음은 "못해 줘서 미안한데, 정말로 네가 원하면 하나님께 기도해 보렴"이었습니다. 그러나 은진이의 믿음은 실제로 하나님께 구하고 또 구한 것을 받아 누리게 된 것까지였습니다. 그렇다면 우리 중 '엘 샤다이'의 하나님을 체험한 이는 누구입니까? 2학년짜리 제 딸입니다. 은진이는 기도에 응답하시는 '풍성하신 하나님'을 정말로 체험하고 누리게 된 것입니다.

더 놀라운 축복은요, 그런 경험들이 하나둘 그 아이의 삶에 쌓여 가더라는 것입니다. 믿음의 훈련이죠. 한번 하나님의 은혜를 맛본 아이가, 그다음 일을 만났을 때 구하고 또 응답 받고, 또 구하고 또 응답을 받고 하면서, 그 아이의 눈높이에서 하나님의 풍성함을 점점 더 맛보고 누리면서 살아가는 법을 배워 갔습니다. 아빠인 제가 그 일의 증인입니다. 어느 순간부터는, 엄마 아빠가 해줄 수 있는 것의 한계를 넘어, 이제는 하나님과 그 아이가 아는 멋진 이야기들이, 그 아이의 인생 여정 곳곳에 풍성히 쌓여 있음을 봅니다. 그 과정에서 아빠인 저는, 하나님께서 그 아이를 특별히 편애하시며, 동행해 주시고, 생각도 못해 본 길을 여시고, 가장 좋은 것들로 채워 주시는 것을 계속해서 지켜 보았습니다.

그렇다고 하나님을 뭐든 주시는 도깨비 방망이로 여겨선 안 됩니다. 그건 일반화의 오류일 것입니다. 다만 한 가지 분명한 것은 이것입니다. 하나님은 당신의 사랑하는 자녀들에게 정말로 가장 좋은 것으로 주기를 기뻐하시는 분입니다. 왜일까요? 하나님 자신이 엘 샤다이, 풍성하신 하나님이기 때문입니다.

부끄럽지만 제 인생 여정이 그 증거입니다. 저는 정말로 별 볼일 없는 소자였습니다. 그런데 구하고, 갈망하고, 도전하고, 순종했을 때, 하나님은 제 마음의 소원을 통해 일하시면서, 제가 상상도 할 수 없는 축복의 여정으로 인도해 주셨고, 오늘도 동일한 고백 속에 있게 하셨습니다. 이게 웬일입니까? 이게 웬 은혜입니까? 이게 웬 풍성한 하나님의 축복입니까?

오늘 여러분의 삶에 어떤 영역이, 어떤 부분이 어려우십니까? 실패하셨습니까? 낙심하셨습니까? 내 믿음이 이것밖에 안 되나 해서 실망스럽습니까? 안타까우십니까? 건강이 필요하세요? 가정에 문제가 있습니까? 사랑하는 교회의 부족한 부분이 보이십니까? 여러분, 그것이 무엇이든, 어떤 영역이든, 주님의 마음으로 권합니다. '엘 샤다이, 풍성하신 하나님' 그 하나님의 이름으로 나아가십시오. 그리고 정말로 그 이름을 부르고, 그

앞에 엎드려, 어린아이의 믿음을 가지고 구하십시오. 하나님께서 여러분의 기도와 간구를 들으시고 하늘 문을 여셔서 그 풍성한 은혜로 채워 주실 줄로 믿습니다.

엘 샤다이, 풍성하신 하나님의 은혜를 구하며

서산성결교회의 김형배 목사님은 저의 첫 번째 목회지인 대관령교회에서 제 바로 앞 전도사로 계셨던 분입니다. 강원도 평창군 도암면 횡계리 옆 차항리라는 시골 동네에서 어머니를 모시고 단독 목회를 하던 노총각 전도사님이었죠. 제가 서울 성락성결교회에 있을 때 함께 교사로 섬기던 분을 소개해서 결혼하게 된 인연이 있습니다. 이후 목사님은 긴 목회 여정 중에 거듭 인내하고 훈련하셔서 지금은 너무나 귀한 사역자로 세워지셨죠. 제가 그분에게 크게 도전받은 것이 있습니다. 목사님은 성경 말씀을 읽다가 믿음이 들어오면, 그 구절에 손을 얹고 바로 기도를 하신다는 겁니다.

무언가 선택해야 하는 상황이면 잠언 3장 5-6절 말씀 위에 손을 얹고 기도합니다. "너는 마음을 다하여 여호와를 신뢰하고 네 명철을 의지하지 말라 너는 범사에 그를 인정하라 그리하면 네 길을 지도하시리라."

주일을 성수하면서는 이사야 58장 13-14절 말씀 위에 손을 얹고 기도합니다. "안식일을 일컬어 즐거운 날이라, 여호와의 성일을 존귀한 날이라 하여 이를 존귀하게 여기고 네 길로 행하지 아니하며 네 오락을 구하지 아니하며 사사로운 말을 하지 아니하면 네가 여호와 안에서 즐거움을 얻을 것이라 내가 너를 땅의 높은 곳에 올리고 네 조상 야곱의 기업으로 기르리라."

가정을 위해서 기도할 때는 시편 128편을 암송하며, 그 위에 손을 얹고 기도합니다. "여호와를 경외하며 그의 길을 걷는 자마다 복이 있도다 네가 네 손이 수고한 대로 먹을 것이라 네가 복되고 형통하리로다 네 집 안방에 있는 네 아내는 결실한 포도나무 같으며 네 식탁에 둘러앉은 자식들은 어린 감람나무 같으리로다 여호와를 경외하는 자는 이같이 복을 얻으리로다 여호와께서 시온에서 네게 복을 주실지어다 너는 평생에 예루살렘의 번영을 보며 네 자식의 자식을 볼지어다 이스라엘에게 평강이 있을지로다."

이외에도 인생의 필요를 위해 구할 때, 이 말씀을 붙들고 기도합니다. "나의 하나님이 그리스도 예수 안에서 영광 가운데 그 풍성한 대로 너희 모든 쓸 것을 채우시리라"(빌 4:19).

어떻게 그렇게 기도할까요? 예, 우리의 하나님이 '풍성하신 하나님, 엘 샤다이'이심을 정말로 믿기 때문입니다.

드와이트 무디 목사님의 말씀을 인용함으로 이번 장을 마무리하고자 합니다.

"우리가 천국에 도착하게 되면 성도들이 꼭 한 가지 후회할 것입니다. 그것은 천국 창고에 그리스도인들이 만약 청구하였더라면 쓸 수 있는 자원들이, 기도만 했더라면 우리가 붙들어서 사용할 수 있는 무한대의 능력이 거기에 있음에도 불구하고, 그리스도인들이 그 능력을 사용하지 않았다는 것입니다."

하나님과 인격적인 관계도 맺지 않으면서 축복을 구하는 것은 기복신앙입니다. 하지만 하나님이 당신을 찾는 이들에게 상 주시는 이심을 믿는다면 구하십시오. 그것은 믿음의 기도입니다. 하나님의 풍성함을 누리기 원하시는 엘 샤다이의 하나님 앞에 믿음으로 엎드려 구하시기 바랍니다.

5장.
예비하시는 하나님, 여호와 이레

| 창 22:1-14 |

설교 영상

그 일 후에

1990년 어느 봄날, 저는 어머니의 담당 의사의 말을 듣고 망연자실한 채 병원 문을 나섰습니다. 혈액암 진단을 받은 어머니를 치료할 수 있는 방법은 한 가지, 골수 이식 수술뿐인데 비용도 많이 들뿐더러 수술한다 해도 성공률이 그리 높지 않다는 의사의 말을 들었기 때문입니다. 이후 얼마 동안, 어머니의 상태가 나빠지면 급히 응급실로 모시고 가 수혈을 받고 조금 괜찮아지면 집으로 모시고 오는 일을 반복했습니다. 그러다 결국 "내가 뭐 피 장사하는 사람인 줄 아세요? 집으로 모시고 가세요!" 의사의 핀잔을 듣고 병원 문을 나서야 했죠. 기억해요. 그날 오후 저는 제 고향 교회, 늘 기도하던 지하 기도실로 가 서러운 마음을 쏟아 놓았습니다.

"참, 알 수 없습니다. 하나님, 어째서, 왜, 이런 일이 제 삶에 일어나야 하는 거죠? 하나님, 어떻게 좀 해주세요. 아니 거기 계시면 뭐라고 말 좀 해보세요."

어머니의 상태가 절망적이라는 말을 듣고 달려온 교우들의 방문도 별 위로가 되지 않았습니다. 욥기를 읽으면서 하나님의 뜻을 발견하려 했지만 도대체 무슨 소린지 이해가 되지 않았어요. 가장 힘든 건 하나님의 침묵이었습니다. 기도하고 부르짖어도 도무지 아무 말씀이 없으셨습니다.

"도대체 하나님, 언제까지 이렇게 질질 끌려다녀야 하는 겁니까? 이유나 좀 알았으면 좋겠습니다. 하나님, 우리 가정을 사랑하기는 하십니까? 아니 아들 하나 있는 거, 신학교까지 보낸 우리 어머니 아닙니까? 그런데 하나님, 우리에게 이러시면 안 되죠. 거기 계시면 말씀 좀 해보세요. 네?"

2년여 계속된 어머니의 힘겨운 투병은 그때까지 제 삶에서 가장 힘에 부친 시련이었습니다.

창세기 22장에서 아브라함도 인생에서 가장 큰 시련을 만났습니다. 도무지 이해할 수 없는 것을 하나님께서 요구하신 겁니다. '혹시, 내가 잘못 들었나? 하나님 정말 그렇게 말씀하신 거 맞아요?' 하지만 의심의 여지가 없었습니다. 그분의 음성은 너무도 또렷했기 때문입니다.

그 일 후에 하나님이 아브라함을 시험하시려고 그를 부르시되 아브라함아 하시니 그가 이르되 내가 여기 있나이다 | 창 22:1 |

"그 일 후에" 참으로 의미심장한 표현이죠. 지금껏 나그네, 순례자의 버거운 인생을 숨 가쁘게 달려온 아브라함입니다. 이제야 겨우 주변을 가다듬을 만한 때였습니다. 엄청난 텃세로 그를 괴롭히던 아비멜렉과도 마침내 평화조약을 체결했습니다.

가축과 종들이 많아져서 그 지역에서 유력한 족장도 되었습니다. 그리고 마침내 하나님이 주신 약속을 따라 100세에 아들 이삭을 얻었습니다. 또한 하갈을 통해 얻은 아들 이스마엘과 관련된 문제도 매듭을 지었습니다. "그 일 후에"는 바로 이런 때를 말합니다. 본토 친척 아비의 집을 떠나라는 하나님의 말씀에 순종해 길을 떠난 지 어언 60년이 흘렀습니다. 이제야말로 좀 마음 편히 살아봐야지 라는 생각을 할 때였어요.

> 네 아들 네 사랑하는 독자 이삭을 데리고 모리아 땅으로 가서 내가 네게 일러준 한 산 거기서 그를 번제로 드리라 | 창 22:2 |

"네? 뭐라고요?"

아브라함은 귀를 의심할 수밖에 없었습니다. 성경은 그저 하나님의 시험이라고 말합니다. 다른 추가 설명이 없습니다. 내 생명을 바쳐서라도 반드시 지키고 싶은 귀한 아들 이삭을 제물로 바치라니요? 도대체 말이 됩니까? 지난 60여 년 얼마나 고생스러웠는데, 지금까지보다 더 큰 시련을 주시다니요? 너무하신 것 아닙니까?

종종 아브라함의 처지와 같은 교우들을 만나면 참 마음이 힘듭니다. 그분들이 지금껏 어떻게 살아오셨는지를 아니까 더 그렇습니다. 쉽지 않은 인생길을 헤쳐 마침내 쉴 만한 물가를 찾았다 싶었는데 지금까지보다 더 견디기 힘든 시련이 닥치는 겁니다. 바야흐로 "그 일 후에"입니다.

가족에게 닥친 시련으로, 갑자기 닥친 건강강의 문제로, 직장을 잃거나 사업에 실패해서… 곤고한 일이 참 많습니다. 이제야 겨우 이웃들과 화친했고, 이제야 겨우 약속의 후사를 얻었으며, 이제야 겨우 이스마엘의 문제를 매듭지었는데, 정신을 차려 보니 눈앞에 모리아산이 버티고 있는 겁니다. "그 산을 오르라. 네 사랑하는 독자 이삭을 바치라." 자연히 묻지 않을 수 없어요. 도대체 하나님의 의도는 무엇입니까? 왜 그 산을 오르라는 겁니까?

모리아산을 오르라

최선을 다해 답을 찾아보면 우선 우리가 생각해 볼 수 있는 답은 하나님께서 아브라함이 "당신을 얼마나 사랑하는지 시험하시려" 모리아산을 오르라 하신다는 겁니다. 100세에 약속의 후사 이삭을 얻고 아브라함이 얼마나 기뻤을까요? 정말 놀라운 하나님의 은혜에 감격하고 또 감격했을 것입니다. 그런데 우리를 너무 사랑하셔서 질투하시는 하나님은 아브라함이 아들 이삭을 당신보다 더 사랑하는 게 아닌지 못내 의심스러워 모리아산을 오르라 하십니다.

하나님이 모리아산을 오르라 한 둘째 이유는 아브라함의 '믿음'을 시험하기 위해서입니다. 창세기 12장의 부르심이 있고부터 지금까지 하나님에 대한 신앙이 성숙해 온 아브라함이 정말 이삭을 통해 당신의 언약을 이루겠다 하신 하나님의 말씀을 믿는지, 그 믿음의 끝이 어디까지인지 보기를 원하여 그 산을 오르라 하신 겁니다.

셋째는 아브라함의 '순종'을 시험하기 위해 모리아산을 오르라 하셨습니다. 아브라함은 바로 다음 날 모리아산을 향해 길을 떠났습니다. 모리아산에 오르라 했지 당장에 가라 하지 않았음에도 아브라함은 바로 순종합니다. 그것도 다음 날 아침 일찍 길을 떠납니다. 또한 그 노구의 몸으로 직접 순종을 위한 장작을 팹니다.

사라가 그 사실을 안다면 하나님의 명령에 순종하지 못했을 것입니다. 그토록 귀한 아들을 사라가 순순히 내주지 않았을 것이기 때문입니다. 그렇기에 아브라함은 누구와도 의논하지 않고 홀로 결단하여 순종의 길을 떠납니다. 노중(路中)에 아들 이삭이 묻죠. "아버지, 번제할 나무는 있는데 제물은 어디에 있습니까?" 정곡을 찔린 아브라함은 "여호와께서 준비하시리라"고만 대답합니다. 마침내 산에 이르러선 혹시라도 순종에 방해가 될지 모르는 종들에게 산 아래에서 기다리라 하고 이삭과 단 둘이 산을 오릅니다.

드디어 때가 이르렀습니다.

하나님이 그에게 일러주신 곳에 이른지라 이에 아브라함이 그곳에 제단을 쌓고 나무를 벌여 놓고 그의 아들 이삭을 결박하여 제단 나무 위에 놓고 손을 내밀어 칼을 잡고 그 아들을 잡으려 하니 | 창 22:9-10 |

정말 끝까지의 사랑이었습니다. 끝까지의 믿음이었고, 또한 끝까지의 순종이었습니다. 그리고 아브라함이 "칼을 잡고 그 아들을 잡으려" 하는 순간, 그 순종의 제일 마지막까지 갔을 때, 하나님이 그의 손을 붙들고 당신의 인정과 축복을 폭포수처럼 쏟아부으십니다.

여호와의 사자가 하늘에서부터 그를 불러 이르시되 아브라함아 아브라함아 하시는지라 아브라함이 이르되 내가 여기 있나이다 하매 사자가 이르시되 그 아이에게 네 손을 대지 말라 그에게 아무 일도 하지 말라 네가 네 아들 네 독자까지도 내게 아끼지 아니하였으니 내가 이제야 네가 하나님을 경외하는 줄을 아노라 | 창 22:11-12 |

우리에게는 꿈이 있습니다. 아브라함에게 하신 하나님의 감탄과 선언이 오늘 나에게, 우리 교회에게 들려지는 것입니다.

"아브라함아! 되었다. 합격이다. 더할 나위가 없다. 나는 충분히 만족한다." 이 말씀이 저에게, 여러분에게, 교회에게 들려진다면 얼마나 큰 기쁨이 되겠습니까? 아브라함만 이런 인정과 경탄의 소리를 들은 것이 아닙니다.

> 이새의 아들 다윗을 만나니 내 마음에 맞는 사람이라 내 뜻을 다 이루리라 | 행 13:22 |

> 바요나 시몬아 네가 복이 있도다 이를 네게 알게 한 이는 혈육이 아니요 하늘에 계신 내 아버지시니라 | 마 16:17 |

이렇게 말씀하시는 하나님의 마음에는 기쁨이 가득합니다. "아브라함아, 내가 이제야 네가 하나님을 경외하는 줄을 아노라." 놀랍습니다. 그날 이후 아브라함의 인생에 더 이상 시험은 없었습니다. 하나님의 마음에 온전히 합격한 겁니다. "되었다. 사랑하는 종아, 내 마음에 합하다. 여기까지다. 너 졸업이다." 아브라함은 하나님의 인정, 즉 가장 큰 축복을 받았습니다.

축복은 여기서 끝나지 않았습니다. 그 이삭을 다시 얻은 것입니다. 아브라함은 이삭이 설사 자신의 손으로 죽임을 당할지라도 하나님이 다시 살리실 것을 믿었습니다. 아브라함은 산을 오르기 전에 종들에게 "내가 아이와 함께 저기 가서 예배하고 우리가 너희에게로 돌아오리라"라고 말했습니다. 이때 '내가 아이와 함께' '우리가'라고 계속해서 복수형으로 말하고 있습니다. 올라갈 때뿐 아니라 내려올 때도 같이 오겠다는 것입니다. 아들을 죽여 제사하러 올라가지만 그 아들과 함께 내려올 줄을 아브라함이 믿은 거예요.

아브라함은 그 부활의 믿음 그대로 이삭을 다시 얻었습니다. 그리고 이 경험을 통해 하나님 아버지의 마음을 헤아리는 하나님 아버지의 친구가 되었습니다. 아들을 내어주시는 아버지의 마음, 아브라함은 그게 뭔지 알게 되었습니다. 이것이야말로 정말 놀라운 축복입니다.

그리고 이번 장의 주제이기도 한 마지막 축복이 있습니다. 모리아산 꼭대기 수풀에 걸린 숫양을 예비해 주신 축복입니다. '여호와 이레, 예비하시는 하나님'이라는 그분의 속성이 이 이야기에서 극명히 드러나고 있습니다.

성경 속 여호와 이레들

성경에서 '여호와 이레, 예비하시는 하나님'의 이야기를 찾는 일은 그리 어렵지 않습니다. 요셉은 형들의 미움을 받아 마른 구덩이 속에 던져졌을 때, 마침 애굽으로 향하던 상인들에게

팔렸습니다. 그 순간 애굽을 향하던 상인들을 그곳에 보내신 분이 누구였는지 우리는 압니다. 여호와 이레 하나님입니다. 요셉이 보디발의 집에서 의를 행하다가 모함을 받고 감옥에 갇혔을 때도 우리는 압니다. 하나님께서 바로의 술 맡은 관원장과 떡 맡은 관원장을 예비하셨음을 말입니다. 요셉이 술 맡은 관원장으로 인해 바로에게 불려 갔고 마침내 애굽의 총리에 오른 것을 우리는 알고 있습니다. 우연은 없습니다. 여호와 이레의 은혜만 있습니다.

모세의 부모는 믿음으로 모세를 키워 냅니다. 석 달간 최선을 다해 키운 뒤 광주리에 넣어 나일강에 띄워 보내죠. 그 순간 바로의 딸, 공주가 목욕하러 나왔다가 갈대상자에 누워 있는 아기 모세를 발견합니다. 공주의 마음에 긍휼이 임해 아기를 건져 집으로 데려갑니다. 모두 여호와 이레 하나님이 하신 일입니다.

사사 시대 모압으로 이민 갔던 나오미가 며느리 룻과 함께 고향으로 돌아왔을 때, 하나님은 보아스라는 인물을 예비하셨다가 그 가문의 기업을 대신 무르게 하셨습니다. 포로기에 왕후가 된 에스더는 "이때를 위함인 줄 누가 아느냐?"는 모르드개의 도전에 영향을 받아 위기에 빠진 이스라엘을 구하게 됩니다. 구레네 시몬이 예루살렘을 방문했다가 억지로 예수님의 십자가를 지게 됩니다. 그 순간은 재수 없다고 생각했을지 모르지만, 결국 그의 가문은 초대교회의 유명한 일꾼 루포와 그 가족들로 변화되었습니다. 바울과 실라도 빌립보 성읍에 들어갔다가 '혹 기도하는 이들이 있을까?' 하여 강가로 나갔다가 '마침' 그곳에 기도하러 온 자색 옷감 장사 루디아를 만나 복음을 전하고, 유럽의 첫 교회를 시작합니다. 모두 여호와 이레입니다.

우리 인생의 여호와 이레들

성경 속에만 있을까요? 아닙니다. 우리 삶에도 늘 반복되는 은혜입니다. 저는 제가 김해에 와서 목회하게 될 줄 꿈에도 생각 못 했습니다. 그야말로 '우짜노'입니다. 그러나 여호와 이레의 하나님께서 계획하고 이끄신 일인 줄 믿기에 저는 괜찮습니다. 저는 인생을 수동태로 해석합니다. 한 번도 제가 생각해 보지 못한 상황으로 이끌려 오지만, 조금만 지나고 나면 여호와 이레의 하나님이 이끄셨음을 고백하게 됩니다.

제겐 모든 사역지가 극적이었습니다. 달라스에서 나름대로 안정된 목회를 하던 저를 갑자기 LA유니온교회에서 사역하도록 부르셨습니다. 그 전에 켄터키의 신학교에서 공부하며 사역지를 놓고 기도할 때에도, 주님이 제게 말씀하셨습니다. "걱정하지 마. 너희 가정을 위한 축복의 사역지가 이미 예비되어 있어." 그때는 그게 무슨 뜻인지 몰랐습니다. 하지만 정확히 1년 후, 정신을 차려 보니 달라스에서 목회하고 있더군요. 여호와 이레의 하나님이 미리 예비해 놓으셨다가, 가장 정확한 때에 저를 그 교회 공동체로 이끌어 주셨습니다.

아직도 생생히 기억해요. 당시 저는 논문 연구를 위해 북미주의 일곱 개 도시를 다녔습니다. 그때 위클리프 국제본부의 정민영 선교사님을 만나 인터뷰를 한 적이 있습니다. 그리고 몇 달 후 저는 달라스의 교회로 부임하게 되었는데 사연이 있습니다. 당시 달라스연합교회는 담임 목사 청빙 문제로 1년 반 동안 줄다리기를 하던 중, 신뢰할 만한 분의 추천을 받자 해서 선교사님께 부탁을 했고, 정 선교사님이 저를 추천했던 것입니다. 여호와 이레입니다.

그럼 어떻게 정 선교사님을 만나게 됐을까 따져 보니 홍현민 선교사님이 소개해 주신 거더라고요. 홍 선교사님은 캐나다 캘거리에서 사역할 때 알게 된 김재욱 집사님을 통해 알게 되었고요. 김 집사님은 지금은 목사이신데 당시 제 유혹(?)에 넘어가 신학교에 들어가 공부하게 된 분이었습니다. 그렇다면 저의 캐나다 사역은 어떻게 시작되었을까요? 첫 목회지인 대관령교회에서 만난 유충식 목사님께서 부르셔서 가게 된 것이었죠.

신학교를 졸업하고 첫 목회지로 간 대관령교회는 어떻게 해서 가게 되었을까요? 졸업반 때 저는 서울신학대학 음악선교회의 지휘자였습니다. 여름이면 보름씩 전국을 순회하며 전도집회를 열곤 했는데, 그때 방문했던 교회 중 하나가 대관령교회였습니다. 더운 여름의 선교 여행은 정말이지 고된 행군이었습니다. 전날 늦게까지 저녁 집회를 하고 다음 날 아침 교회에서 차려 준 아침 식사를 하게 되었습니다. 그때 저는 제 인생 처음으로 고랭지 채소인 양상추와 샐러리를 만났습니다. 몸은 지쳤고 밥맛도 없었지만 신기하게 생긴 채소를 된장에 찍어 입으로 가져갔는데, 아삭 하는 소리와 함께 입 안은 물론 온몸으로 그 신선함이 퍼져 갔습니다. 충격이었죠. 그러고 보니 그 채소가 저의 첫 목회지와 나머지 목회지를 결정지은 출발점이라고 할 수 있겠네요.

제가 하려는 말은 이것입니다. '여호와 이레'라는 렌즈로 돌이켜 보면, 제 인생은 '여호와 이레'의 축복이 아닌 순간이 없다는 겁니다. 저를 사랑하신 하나님께서 그 모든 것을 예비해 놓으셨다가 가장 적절한 때에, 가장 적절한 사람과 사건을 통해 저를 인도하셨습니다. 비단 저뿐일까요? 아닙니다. "하나님을 사랑하는 자 곧 그의 뜻대로 부르심을 입은 자들에게는 모든 것이 합력하여 선을 이루느니라"(롬 8:28). 여호와 이레의 축복은 모든 사람에게 동일하게 베풀어지고 있습니다. 우리의 현재는 지금까지의 '여호와 이레'들이 모인 총체입니다.

하나님의 시선으로 여러분의 삶을 한번 보세요. 예습도 한 번 해보지 못한 채 살아온 우리 인생에는, 그때는 이해하지 못했지만, 굽이굽이마다 그분이 만나게 하신 일, 사람, 사건들로 채워져 있습니다. 모두 다 여호와 이레의 축복들이에요.

축복보다 하나님 자신을

'여호와 이레 하나님'을 믿는다는 것은 구체적으로 오늘의 내 삶에 어떤 의미가 있는 걸까요? 첫째는 내 믿음의 궁극적인 관심이 그분의 '축복'이 아니라 그분 '자신'에게 있다는 것을 의미합니다. 무슨 뜻입니까? 하나님은 물론 당신이 사랑하는 이들에게 가장 좋은 것을 주시는 분입니다. 앞에서 아브라함을 위해 미리 숫양을 준비해 두신 하나님을 우리는 만났습니다. 하지만 무엇이 먼저일까요? 순서가 중요합니다. 거기에 앞서 우리는 아브라함의 끝까지의 사랑, 끝까지의 믿음, 끝까지의 순종이 있었다는 것을 놓치면 안 됩니다. 아브라함에게는 하나님을 신앙한 믿음, 그분과의 인격적인 관계가 먼저 있었어요. 축복은 그다음에 주어진 거죠.

우리는 솔직히 하나님이 준비하신 숫양에 관심이 많습니다. 하지만 하나님의 관심은 그 사건을 통해 우리가 얻게 되는 '무엇'이 아니라 우리가 하나님께 보이는 '반응'에 있습니다. 그분이 주시는 선물(Gift)은 물론 중요하죠. 하지만 그 선물을 주시는 하나님(Giver)이 먼저라는 겁니다.

기억하십시오. 그날 산 위에 있던 숫양은 그 사건의 '결과'로 주어진 것입니다. 하나님이 주신 축복의 일부분일 뿐이에요. 중요한 것은 아브라함이 '숫양을 선물로 받았다'가 아니라, '아브라함이 하나님께 자신과 이삭의 운명을 온전히 의탁했다'에 있습니다. 예비하신 축복보다 그분과의 관계, 그 믿음이 선행되었다는 거예요. 숫양이 예비되어 있다는 것을 알고서 순종한 것이 아니었어요. 하나님이라서 거기까지 순종한 겁니다. 그분이 중요해요. 선물은 나중에 따라온 것일 뿐임을 기억하십시오.

종종 그 하나님이 이끄시는 길이 이해되지 않을 때가 있습니다. 이제야 겨우 살 만한데 뜬금없이 모리아산에 오르라 하시니 실망스럽습니다. 꾀도 납니다. 그럼에도 겨우 순종해서 나아가는데 우리를 곤혹스럽게 하는 질문들이 다가옵니다. "아버지 번제할 나무는 있는데, 제물이 없네요." 이삭의 질문을 받을 때, 아버지 아브라함의 마음이 얼마나 힘들었을까요? "아들아, 그 제물은 하나님이 친히 준비해 주실 거야." 말은 멋있죠. 하지만 눈에 보이는 것은 아직 없습니다. 그럼에도 아브라함이 믿음을 잃지 않았어요. 정말 대단합니다.

절망의 끝까지 내려가 본 적이 있습니까? 보통 힘든 상황 말고, 더 이상 내려갈 데가 없을 만큼 고통스러운 상황 말예요. 더 이상 내가 할 수 있는 게 없는 상황, 하나님이 나서 주지 않으면 안 되는 상황입니다. "하나님, 이제는 정말 끝입니다. 이제는 정말 다 했습니다. 이제는 하나님이 하셔야 합니다." 그렇게 믿고 그분 손에 나의 모든 운명을 올려 드렸을 때 바로 그 순간이 역전의 순간인 줄로 믿습니다. 그게 믿음이에요. 그게 관계예요. 물론 하나님이 주시는 숫양이라는 선물도 좋아요. 하지만 하나님은 그 이전에 하나님 당신을 향한 아브라함의 마음을 보고 싶으셨던 것이죠. 우리도 마찬가지입니다.

혹시 오늘 모리아산 앞에 서 계십니까? 아니 모리아산을 오르고 있습니까? 이해가 안 되죠. "왜, 어째서, 나에게 그 모리아산을 또 오르라고 하시는 거야? 아니 나는 지금 당장 그 숫양이 필요한데, 하나님이 얼른 그 숫양부터 주셔야 하는데, 왜 나에게 믿음부터 보이라고 하시는 거야?" 이런 질문이 생기죠. 그런데 기억하십시오. 하나님은 원래 그런 분이세요. 그분은 늘 그러셨어요. 그럼에도 우리가 순종으로 나아갈 때 그분은 그제야 '여호와 이레'로 나타나셨습니다. 하나님이 중요해요. 그 축복,

그 선물은 그다음이에요. 언제나 그분이 먼저입니다.

오늘 모리아산 이야기에서 가장 중요한 것은, 아브라함이 아직 해답을 알지 못한 채 여전히 순종하며 믿음으로 그 산을 올랐다는 것입니다. 숫양을 받기 전에 그분을 향한 믿음과 사랑과 순종이 더 중요합니다. 바로 그것을 확인했을 때, 하나님은 그에게 '믿음의 인정'과 '숫양의 제물'을 선물로 허락해 주셨습니다.

이해도 안 되고 답도 보이지 않습니까? '여호와 이레' 그 하나님을 향한 사랑과 그분의 선하심을 믿는 믿음의 싸움을 먼저 하십시오. 하나님, 그분이 먼저입니다. 축복보다 하나님을 먼저 구하십시오.

신앙의 거점

'여호와 이레'의 하나님을 믿는다는 것은 둘째, 내 삶의 자리를 신앙의 거점으로 삼는 것입니다. 오늘 우리가 오르는 모리아산을 하나님을 만나고 체험하는 자리로 만드는 것입니다. 물론 그 과정은 쉽지 않습니다. 그럼에도 이 산의 정상에서 하나님께서 나를 만나 주신다는 기대를 가지고 오늘을 사는 겁니다. 그래요. 힘든 삶의 현장에서 우리가 바라봐야 할 것은 여기서 만날 하나님입니다. 여기에 욕심을 내야 합니다.

물론 어렵습니다. 하지만 '하나님께서 뭔가를 행하실 거야. 그래서 그곳을 나에게 잊을 수 없는 신앙의 자리로 만들어 주실 거야' 그런 기대와 갈망을 놓치지 않는 거죠. 저는 믿습니다. 바로 그런 신앙적인 고민과 욕심을 가지고 모리아산을 오를 때, 하나님께서 반드시 그곳을 우리 신앙의 '거점'이 되도록 하신 다는 것을요. 성경의 인물들을 보세요. 하나님과 그런 진한 추억을 가진 이들은 예외 없이, 그런 특별한 자리, 그런 특별한 거점들을 가지고 있습니다. 그래서 그들은 그 특별한 자리에 특별한 이름을 붙여 주시곤 했죠. 왜요? 그들과 그 자손들에게, 그 자리를 영적인 거점으로 삼기 위해서입니다. 모리아산은 물론이고, 벧엘, 브니엘, 애굽, 신광야, 시내산, 가데스바네아, 길갈, 여리고… 모두 힘든 도전들과 관련된 지명이죠. 하지만 그곳들은 결국 엄청난 영적인 자리, 신앙의 거점이 되었습니다.

주목하십시오. 그날 아브라함이 이삭을 바쳤던 모리아산은, 훗날 오르난의 타작 마당이 되어 다윗의 백성들을 위한 속죄가 이루어진 곳이 되었고, 나중에는 수많은 제물이 드려진 솔로몬 성전과 스룹바벨 성전이 선 곳이 되었으며, 2천 년 후에는 골고 다 언덕이 되어 저와 여러분을 위해 피 흘리신 예수 그리스도의 십자가가 서게 되었습니다. 그 사실을 알게 되었을 때 온몸에

전율이 흘렀습니다. '아 하나님이 주목하시는 자리가 있구나. 그곳이 저들에게 신앙적인 거점이 되었구나.'

고통스러운 그 시험, 버거운 그 모리아산을, 오늘 묵묵히 믿음으로 감당하며 올라가십시오. 그리고 그 산 정상에서 '여호와 이레'의 하나님을 만나 보십시오. 하나님을 경험한 자리는 여러분 인생에서 절대 잊을 수 없는 신앙의 거점이 될 것입니다. 야곱의 벧엘, 모세의 호렙, 여호수아의 여리고, 다윗의 감람산, 베드로의 갈릴리 그리고 오늘 씨름하고 있는 우리의 자리….

기억하십시오. 여호와 이레의 축복은 우리의 모리아산을 인생의 신앙적 거점으로 삼게 해줍니다. "그 어려운 모리아산을 내 신앙의 거점으로 삼겠습니다"라고 도전하십시오. 그리고 끝까지의 믿음으로, 끝까지의 사랑으로, 끝까지의 순종으로, 그 산을 오르시기 바랍니다.

숫양의 축복을 실제로

'여호와 이레'의 하나님을 믿는다는 것은 셋째, 그곳에 결국 주어지는 하나님의 축복, 그 숫양의 축복을 실제로 누리게 됨을 믿는 것입니다.

아브라함이 눈을 들어 살펴본즉 한 숫양이 뒤에 있는데 뿔이 수풀에 걸려 있는지라 아브라함이 가서 그 숫양을 가져다가 아들을 대신하여 번제로 드렸더라 | 창 22:13 |

그분은 진짜세요. 그분은 정말로 여호와 이레의 축복을 주시는 분입니다. 기억하십시오. 그 숫양은 모리아산 아래에서는 보이지 않아요. 숫양은 산 아래에서가 아니라 산의 정상에서 얻는 것입니다. 물론 거기에 이미 있었죠. 처음부터 보이는 것이 아니라 믿음과 사랑과 순종의 끝자락에서 보는 것입니다. 이 사실이 중요해요. 그 숫양의 축복, 여호와 이레의 축복은 아무도 보지 못하는 곳, 심지어 거기까지 함께 동행한 아브라함의 종들도 보지 못하던 곳에 있었어요. 오직 끝까지 순종의 발걸음을 뗀 아브라함과 이삭만이 볼 수 있었죠. 이것이 여호와 이레의 비밀입니다. 여호와 이레의 축복은 순종의 맨 끝자락에서 누리게 되는 축복입니다.

오늘 우리 주변에도 여호와 이레의 하나님께서 예비해 놓으신 선물과 축복들이 있습니다. 이미 하나님의 축복, 하나님의 예비하심은 우리 삶 구석구석에 와 있어요. 다만 그분이 보게 하시는 순간이 오지 않은 것뿐입니다. 따라서 그 하나님의 이름을 믿는다면, 당연히 '하나님의 그 크신 여유'를 갖게 됩니다. '그분이 전능하신 하나님이요, 보고 계시는 하나님이요, 주관하시는 하나님이요, 풍성하신 하나님이요, 예비하시는 하나님인데 뭐!' 하면서 여유를 가지고 믿음의 씨름을 하는 거죠.

> 너희 하늘 아버지께서 이 모든 것이 너희에게 있어야 할 줄을 아시느니라 | 마 6:32 |

> 자기 아들을 아끼지 아니하시고 우리 모든 사람을 위하여 내주신 이가 어찌 그 아들과 함께 모든 것을 우리에게 주지 아니하겠느냐 | 롬 8:32 |

> 나의 하나님이 그리스도 예수 안에서 영광 가운데 그 풍성한 대로 너희 모든 쓸 것을 채우시리라 | 빌 4:19 |

그러므로 오늘도 우리는, 그 버거운 모리아산을 불평하지 않고, 믿음을 가지고, 기대하며 오르고 또 오릅니다. 어느덧 우리의 믿음이, 사랑이, 순종이 끝 지점에 다다랐을 때, 여호와 이레의 하나님께서 우리의 눈을 열어 그곳에 걸려 있는 숫양, 그 축복을 보게 하실 것입니다. 그러면 누리는 거죠. 그게 '여호와 이레'의 프로젝트예요.

브라질의 이과수폭포는 지진으로 인해 만들어졌다고 합니다. 미국의 그랜드캐니언도 지진으로 형성된 것입니다. 이처럼 시험과 고난은 아름다운 것을 만들어 내는 힘이 있습니다. 따라서 모리아산이 앞에 있다면 여러분, 믿음과 사랑과 순종으로 최선을 다해 오르십시오. 반드시 여호와 이레, 숫양의 축복을 받아 누리게 될 것입니다.

하나님을 누리십시오

저의 어머니는 약 2년간의 투병 기간을 통해 제게 신앙적인 유산을 많이 남겨 주셨습니다. 그 2년은 결코 쉽지 않았습니다. 그러나 어머니는 믿음과 사랑과 순종으로 모리아산을 올랐고 마침내 하나님의 시험을 통과한 후 거짓말처럼 병을 이기셨습니다. 수술할 형편이 되지 않아 위기의 순간마다 응급실로 달려가 수혈을 반복해야 했던 어머니였습니다. 차디찬 피가 가느다란 관을 통해 몸으로 들어갈 때, 그 고통스러운 시간을 찬양으로 감내하시던 어머니였어요.

그러던 어느 날 당신의 장례식이 진행되는 꿈을 꾸셨답니다. 모든 의식이 끝나고 성도들이 당신의 관을 들어 천국으로 올려드리는 순간 하늘에서 "연장이다"라는 음성이 들렸고, 그 순간 온몸이 시원해지면서, 깨끗이 나음을 얻는 기적을 체험하셨습니다. 그리고 그 병상에서 드린 '히스기야의 기도'대로 15년을 더 사셨습니다.

저에게도 그 경험은 모리아산의 시험이었습니다. 어머니를 통한 모리아산 체험이 왜 필요했는지는 이후 서서히 알게 되었죠. 내 인생의 주인이 누구인지를 알려 주는 시험장이요 훈련장이었다는 것을요.

어머니는 젊은 시절 유산과 조산으로 여섯 아이를 잃고 나서 한나가 사무엘을 얻을 때 했던 서원기도를 한 후 저를 낳으셨습니다. 그래서 저는 일찍부터 사역자로서의 사명감을 가지고 살았습니다. 하지만 동시에 어머님을 향한 도리 또한 늘 무거운 책임감으로 자리해 왔습니다. 종종 이런 생각을 했습니다. '내가 이러다가 갑자기 선교지로 떠나면 어떻게 하지? 어머니를 모셔야 하는데….' 그때 하나님은 모리아산 체험을 통해 이렇게 말씀하셨습니다. "너 웃긴다. 걱정하지 마. 네 엄마는 네 어머니이기 이전에 내가 사랑하는 딸이야. 내가 더 사랑해. 내가 책임질 거야. 그러니 착각하지 말고 너나 잘해." 결국 그 일은 '여호와 이레'의 하나님을 제게 각인시켜 준 놀라운 체험이요 간증이 되었습니다.

여호와 이레의 하나님은 아브라함의 하나님을 지나, 이삭의 하나님을 지나, 오늘 나의 하나님이 되어 주십니다. 여러분의 삶에 그 여호와 이레의 하나님이 늘 체험되기를 기도합니다.

6장.
치료하시는 하나님, 여호와 라파

| 출 15:22-27 |

설교 영상

캘거리의 이 집사님

1997년 처음 외국 생활을 시작한 곳이 캐나다 캘거리라는 도시였는데, 거기에 우리 가정을 많이 사랑해 주신 이 집사님이라는 분이 계셨습니다. 지금은 장로님이 되셨는데, 유학 생활 초기 여러 가지로 적응이 쉽지 않을 때 저희에게 따뜻한 온정을 많이 베풀어 주신 분입니다. 15년 전쯤 한 선교단체의 수련회 강사로 그 도시에 갔다가 뵐 수 있었는데, 당시 집사님은 1년 여 암과 사투를 벌이고 회복 중에 있었습니다.

의사는 진작에 몇 달 남지 않았다고 시한부 선고를 했지만 집사님은 믿음으로 기도로 버텼고, 심지어 그 힘들다는 방사선 치료를 일주일 내내 33회나 받았습니다. 독한 방사선과 약물로 인해 모든 침샘이 파괴되고 세포들도 거의 죽어 음식 맛을 전혀 느낄 수 없는 지경에 이르렀지만, 결국 암을 이겼고 회복으로 나아가고 있었습니다. 의사들도 믿을 수 없는 놀라운 결과였죠. 늦은 밤 집사님 댁을 방문하여 한참 그 감격을 나누었습니다. 그분은 하나님이 허락하신 남은 인생은 덤으로 사는 것이라 고백하셨고, 그 덤으로 얻은 인생을 어떻게 살 것인지를 감격 속에서 함께 고민했습니다.

의사의 절망적인 선언을 들어 본 적이 있습니까? "미안하지만 더 이상 저희가 할 수 있는 일이 없습니다. 가족분들 준비하셔야 할 것 같습니다." 이 말을 듣는 순간 얼마나 추운지 모릅니다. 얼마나 외로운지 모릅니다. 억장이 무너져서 무엇으로도 위로가 되지 않습니다.

집사님의 심정이 그랬을 것입니다. 그런데 집사님은 몇 달 못 산다는 의사의 절망적인 선고를 듣기 전, 신비한 꿈을 하나 꾸었다고 합니다. 하나님께서 미리 보여 주신 꿈이었어요. 큰 구렁이 한 마리가 집사님을 공격하는데 너무나 기분 나쁜 색깔을 가졌습니다. 집사님은 가지고 있던 자그마한 막대기로 구렁이의 머리를 내려쳤습니다. 그런데 그때마다 그 큰 구렁이가 조금씩 작아졌고, 결국은 그 뱀을 물리치게 되었습니다. 잠에서 깨어나서도 잊히지 않는 신비한 꿈이었습니다.

그런데 실제로 집사님은 방사선 치료를 하면서 암세포를 죽여 나갔습니다. 사실 자그마치 33회나 연달아 방사선을 쬐는 것은 사람이 할 수 없는 일이었지만, 마지막 수단이라 여기고 진행했습니다. 놀랍게도 방사선 치료를 한 번, 두 번, 세 번… 할 때마다 암세포들이 줄어들더니 결국 암세포들이 완전히 사라졌습니다. 여기에 가족은 물론 교회 공동체가 합심해서 기도의 씨름을 했던 것은 두말할 필요가 없지요. 그렇게 해서 모두가 불가능하다고 머리를 저은 말기암을 치료하게 되었습니다.

이런저런 건강의 문제로 씨름하는 분들이 많습니다. 집사님의 하나님, 동일하신 하나님께서 역사하셔서 모두 깨끗이 나음을 얻게 되기를 간절히 기도합니다. 하나님은 의학적으로 설명이 불가능한 방법으로 우리를 치료해 주시는 '여호와 라파'이십니다.

여호와 라파의 하나님을 믿습니까?

질병은 참으로 아프고 또 불쾌합니다. 고통스럽습니다. 조금만 병세가 심해지면 살 소망이 끊깁니다. 비단 육체의 병만 그런 게 아니죠. 마음의 병도 그렇습니다. 마음의 병이 깊어지면 사람도 싫고 살기도 싫어집니다. 피해의식에 사로잡혀 혼자만의 동굴로 들어가 버립니다. 또 영적으로도 병이 듭니다. 마귀에 눌려 어려움을 겪는 분들을 종종 봅니다. 관계에 병이 들어서 고통스러워하는 분들도 있습니다. 그런데 감사한 것은, 하나님께서 질병으로 시달리는 우리를 여전히 사랑하시고, 치료하시고, 결국은 건강한 그리스도인으로 다시 회복시키기를 원하신다는 것입니다. 믿습니까? 하나님은 '여호와 라파, 치료하시는 하나님'이기 때문입니다.

'치료하시는 하나님'을 낯설어하거나 부담스러워하는 분이 있을지 모릅니다. "21세기에 기적이 어디 있어? 그냥 우연히 그런 일이 일어난 거겠지?" 하며 믿음 없이 대합니다. 하지만 하나님은 오래전 예레미야 선지자에게 이렇게 말씀하셨습니다.

길르앗에는 유향이 있지 아니한가 그곳에는 의사가 있지 아니한가 딸 내 백성이 치료를 받지 못함은 어찌 됨인고 I 렘 8:22 I

길르앗에는 유향도 있고 의사도 있지만, 치료하는 하나님을 믿지 않기에, 그래서 그분께 가서 의뢰하지 않으므로 병을 치료 받지 못하는 이들이 안타깝다는 말씀입니다. 여러분은 우리 하나님이 치료하시는 하나님이라는 사실을 믿습니까? 정말입니까? 그런데 그 사실을 믿고 또 아는데, 나에게도 그분의 치료와 회복이 필요한데, 우리 가족 중에 누군가 중병에 걸렸는데, 왜 그분에게 나아가 간절히 간구하지 않습니까? 왜 육신의 병, 마음의 병, 영혼의 병, 관계의 병이 들었는데, 인생의 병거와 마병 들에게는 잘 달려가면서, 정작 여호와 하나님의 이름으로는 달려가지 않는 겁니까?

이유는 간단합니다. 그분을, 그분의 역사를, 그분의 능력을 우리가 머리로는 아는데, 지식으로는 아는데, 가슴으로는 받아들이지 않기 때문입니다. 그분의 이름이 '치료하시는 하나님, 여호와 라파'라는 것을 알아요. 하지만 실상은 몰라요. 체험해

본 적도 없어요. 또 그렇게 간절히 원하지도 않아요. 그러니까 기도는 하지만 "고쳐 주시면 감사하겠어요" 정도로 그칩니다. 간절한 믿음과 소원을 가지고 "주여 저를 고쳐 주시옵소서"라고 구하지 않습니다. 여기에 하나님의 이름을 살펴보는 이유가 있습니다.

마라와 같은 인생길에서

모세가 홍해에서 이스라엘을 인도하매 그들이 나와서 수르 광야로 들어가서 거기서 사흘길을 걸었으나 물을 얻지 못하고 마라에 이르렀더니 그 곳 물이 써서 마시지 못하겠으므로 그 이름을 마라라 하였더라
| 출 15:22-23 |

이스라엘 백성이 출애굽해서 광야로 들어선 지 3일째입니다. 그 전에 홍해의 기적을 경험했습니다. 앞에는 홍해로 가로막혀 있고, 뒤에는 중무장한 애굽의 군인이 쫓아오는 절체절명의 순간에 홍해가 갈라졌습니다. 이스라엘 백성이 홍해를 건너고 나자 홍해가 다시 덮여 뒤쫓던 애굽 군대가 다 수장되는 놀라운 경험도 했습니다. 너무나 감격스러워서 미리암과 여인들이 소고를 잡고 춤을 추며 찬양했습니다.

그리고 얼마 안 있어 이스라엘 백성은 수르 광야에 들어서게 됩니다. 무더운 광야에서는 성인 한 명이 하루에 3.78리터의 물을 마셔야 한다고 합니다. 이미 애굽에서 가져온 물은 바닥이 났습니다. 더구나 장정만 60만 명이나 되었습니다. 물은 떨어졌지 물 없는 광야에 들어왔지, 그 많은 사람들의 갈증을 해결할 길이 없습니다. 그렇게 고통스럽게 3일 길을 걸어 마라에 도착했습니다. 오아시스가 있는 곳입니다. 이제 살았구나, 얼마나 반가웠을까요? 벌컥 물을 들이켰으나 이내 다시 뱉어야 했습니다. 쓴물이었던 겁니다. '마라'는 '쓰다'라는 뜻입니다.

그러자 백성들이 모세를 원망하기 시작했습니다. 모세를 원망했다는 것은 하나님을 원망했다는 의미입니다. 홍해의 기적을 경험한 지 겨우 3일 지났을 뿐인데 이스라엘 백성은 벌써 원망하고 불평하기 시작한 것입니다.

모세가 속이 상하여 하나님께 토로하였고, 그의 기도를 들으신 하나님이 한 나무를 가리키며 물속에 던지라고 하셨습니다. 그러자 마라의 쓴물이 단물로 변했습니다. 기적이 일어난 것이죠. 하여 이스라엘은 기쁨으로 그 물을 마시고, 다시금 힘을 얻어 그 광야 여정을 계속할 수 있게 되었습니다.

수르 광야와 마라라는 땅은 이 세상을 상징한다 할 수 있습니다. 이스라엘 백성이 물이 없어 고생했듯이 인생길은 이런저런 문제들로 고생스럽습니다. 마치 수르 광야와 같고 마라와 같습니다. 그때 우리는 시련 때문에 원망과 불평을 하게 됩니다. 하나님을 의심하기도 합니다. 3일 전에 놀라운 기적을 경험했지만, 당장 고통스러우면 모세를 원망하고 하나님을 원망합니다.

성경을 읽어 보십시오. "원망하라, 불평하라." 하나님께서 그렇게 말씀하신 적이 한 번도 없습니다. 오히려 "원망하지 말라, 불평하지 말라" 하셨죠. '누구 때문에, 무엇 때문에' 같은 원망을 우리 입에서 그치라 하십니다. 불평도 그치라 하십니다. 원망과 불평은 자꾸 하면 습관이 되고 종국엔 그것이 내 인격이 됩니다. 원망과 불평을 최대한 그치고 대신에 그 마라와 같은 형편 중에도 그 쓴물에 던져진 나무로 인해, 예수 그리스도의 십자가로 인해, '우리 인생의 쓴물이 단물로 변화될 수 있다'는 것을 믿으십시오. 성도에게는 허락된 다른 방법이 없어요. 원망과 불평이 아니라, 믿음의 간구가 하나님이 우리에게 기대하시는 바입니다.

마라의 쓴물 사건은 하나님이 친히 당신의 이름을 드러내시는 것으로 마무리됩니다.

이르시되 너희가 너희 하나님 나 여호와의 말을 들어 순종하고 내가

보기에 의를 행하며 내 계명에 귀를 기울이며 내 모든 규례를 지키면 내가 애굽 사람에게 내린 모든 질병 중 하나도 너희에게 내리지 아니하리니 나는 너희를 치료하는 여호와임이라 | 출 15:26 |

"나는 너희를 치료하는 여호와"가 곧 '여호와 라파'입니다.

죄로 인하여

출애굽기 15장 26절 말씀에서 우리는 병의 원인이 어디에 있는지 발견하게 됩니다. "내가 애굽 사람에게 내린 모든 질병", 하나님이 질병을 내리셨다고 합니다. 우리가 겪는 질병 중에는 하나님이 내린 질병이 있다는 것입니다. 그렇다면 하나님은 왜 애굽 사람들에게 질병을 주신 겁니까? 죄 때문입니다. 그들의 죄를 심판하는 도구로 질병을 사용하신 겁니다.

나 외에는 신이 없도다 나는 죽이기도 하며 살리기도 하며 상하게도 하며 낫게도 하나니 내 손에서 능히 빼앗을 자가 없도다 | 신 32:39 |

그렇습니다. 하나님은 우리의 인생을 죽이기도 혹은 살리기도 하시고, 또 상하게도 혹은 낫게도 하실 수 있는 분입니다.

역대상 21장에는 다윗이 하나님 앞에서 죄를 범함으로 사홀간 큰 온역 즉 전염병이 백성을 쳤다는 이야기가 나옵니다. 민수기 12장에는 모세를 비난하다가 문둥병에 걸린 미리암의 이야기도 나옵니다. 이때 아론이 모세에게 간구하죠. "슬프도다 내 주여 우리가 어리석은 일을 하여 죄를 지었으나"(민 12:11). 미리암이 문둥병에 걸린 이유도 죄 때문입니다. 예수님은 베데스다 연못가에서 38년 된 병자를 고치시고 그를 다시 성전에서 만났을 때 이렇게 말씀하셨습니다.

> 보라 네가 나았으니 더 심한 것이 생기지 않게 다시는 죄를 범하지 말라 | 요 5:14 |

더 심한 병이 생기지 않도록 죄를 짓지 말라는 것입니다. 죄 때문에 더 큰 병이 올 수도 있다는 뜻이죠. 맞습니다. 분명 죄는 우리 병의 원인 중 하나입니다.

당신의 영광을 위하여

두 번째 질병의 원인은 '하나님이 우리를 시험하려고 주시는 병'입니다. 이때는 질병이 우리를 연단하여 결국 하나님의 영광을 드러내는 데 사용됩니다. 열왕기하에는 히스기야왕이

병에 들었다가 회복되는 이야기가 나옵니다. 히스기야가 죽을 병에 걸려 하나님께 간절히 구했을 때, 하나님이 그의 기도를 들으시고 그의 생명을 15년간 연장시키셨습니다.

저의 어머니도 의사조차 포기한 상황에서 여호와 라파, 치료하시는 하나님의 은혜로 기적적인 나음을 입으셨습니다. 나중에 어머니가 돌아가시고 장례식장에서 안 사실이 있습니다. 장례식장에 오신 어느 권사님이 전하신 말씀입니다. "엄마가 그때, '하나님, 히스기야처럼 15년의 생명을 연장시켜 주세요' 라고 기도하셨어." 하나님은 히스기야의 기도를 들으신 것처럼 어머니의 기도를 들으셨습니다. 이 과정에서 하나님은 저와 저의 가정을 시험하셨고 우리 가정을 통해 하나님의 영광을 드러내셨습니다.

요한복음에서 제자들이 날 때부터 보지 못하는 소경을 보며 부모의 죄 때문에 그런 고난을 받는 거냐고 묻습니다. 예수님의 대답은 이랬습니다.

이 사람이나 그 부모의 죄로 인한 것이 아니라 그에게서 하나님이 하시는 일을 나타내고자 하심이라 | 요 9:3 |

하나님은 우리를 시험하려고, 당신의 영광을 세상에 드러내려고 질병을 사용하십니다. 복음서에 나오는 소경은 지금 연단

중에 있는 것입니다.

사탄의 공격으로 인하여

질병의 원인 셋째는 '마귀의 공격'입니다. '마귀가 주는 병'
이 있다는 것입니다. 대표적인 예가 구약의 욥이 겪은 고난입니
다. 물론 하나님이 한계를 정해 놓긴 하셨지만, 분명한 것은, 욥
이 사탄의 공격을 받고 심한 병을 앓게 되었다는 사실입니다.

이스라엘의 초대 왕 사울도 악한 영의 공격을 받아 병을 앓
았습니다. 누가복음에도 귀신 들린 여인의 이야기가 나옵니다.
18년 동안 귀신 들려 고통 가운데 있던 여인입니다. 예수님은
안식일과 관련해 이 여인의 고통을 언급하면서 그것이 사탄의
공격 때문이라고 확증해 주십니다.

그러면 열여덟 해 동안 사탄에게 매인 바 된 이 아브라함의 딸을 안식
일에 이 매임에서 푸는 것이 합당하지 아니하냐 | 눅 13:16 |

그래서였죠? 야고보 사도는 우리에게 "마귀를 대적하라 그
리하면 너희를 피하리라"(약 4:7)고 말했습니다. 사탄을 대적하
며 나아가라는 것이죠. 제가 이번 장 서두에서 언급한 이 집사

님의 경우도 사탄의 공격으로 질병이 생긴 것으로 이해할 수 있습니다.

무지몽매함으로 인하여

질병의 원인이 모두 영적인 것은 아닙니다. 우리 자신의 미련함 또한 질병의 원인이라 할 수 있어요. 예를 들어, 사람이 하나님이 창조하신 자연의 질서를 무시해서 생기는 병들이 있습니다. 인재라고 하죠. 사람들이 파괴한 자연환경, 우리가 시도했던 유전자 변형, 원자력 발전소 사고로 인한 인명 피해 등이 그런 것입니다. 또 지난 여러 해 동안 우리를 괴롭힌 팬데믹도 실은 인재라고 볼 수 있습니다. 성경학자 크리스토퍼 라이트(Christopher J. H. Wright)는 '우리 그리스도인들이 코로나 바이러스를 어떻게 이해해야 할 것인지'를 설명하면서 국제 기독교 구호 및 개발 기관인 티어 펀드의 글을 인용했습니다.

"귀에 몹시 거슬리겠지만, 코로나 바이러스의 창궐은 '자연재해'가 아니다. 이것은 우리 자신이 초래한 재앙이다. 바이러스들이 여러 종을 건너뛰어 인간의 몸에 들어오고, 환경이 파괴되어 인간이 바이러스를 가진 동물들과 더 밀접하게 접촉하면서 이런 일이 더 쉽게 일어난다. 삼림 파괴, 야생 동물 밀매, 지속 불가능한 경작 행위들이 요인일 수 있다."

무슨 뜻입니까? 코로나 바이러스 현상은 단순한 '자연재해'
를 넘어선, 환경 파괴로 일어난 '인재'라는 겁니다. 사람이 하나
님의 창조 질서를 무시하고 이기적으로 파괴해 온 것이 부메랑
이 되어 코로나 바이러스 같은 재앙이 일어났다는 것입니다.

> 대저 너희가 지식을 미워하며 여호와 경외하기를 즐거워하지 아니하
> 며 나의 교훈을 받지 아니하고 나의 모든 책망을 업신여겼음이니라 그
> 러므로 자기 행위의 열매를 먹으며 자기 꾀에 배부르리라 어리석은 자
> 의 퇴보는 자기를 죽이며 미련한 자의 안일은 자기를 멸망시키려니와
> | 잠 1:29-32 |

과연 "미련한 자의 안일은 자기를 멸망"시킵니다. 지구 온난
화와 오존층 파괴, 빙하 침식, 아마존 밀림 벌목, 미세 플라스틱
확산 등 인류의 환경 파괴는 그야말로 미련한 자의 자기 안일이
며 그것이 우리 스스로를 멸망의 길로 이끌고 있습니다. 정말
심각합니다. "정말 큰 위기다. 우리는 변해야 한다. 뭔가를 해야
한다"는 자성의 목소리가 높아지지만, 그럼에도 자국의 이익을
앞세워 여전히 환경보호를 위한 국제 협약들이 쉽게 무시되는
형편입니다. "누군가가 뭘 어떻게 하겠지" 하면서 모든 나라가
돈 버는 일에 몰두합니다. "그러므로 자기 행위의 열매를 먹으

며 자기 꾀에 배부르리라" 한 잠언의 말씀이 현실이 되어 다가옵니다. 그래서 코로나 바이러스의 습격을 인재라고 보는 겁니다. 우리의 무지몽매함이 질병의 원인이 될 수 있습니다.

한편, 우리가 미련하게 행하여 얻는 병도 있어요. 고린도교회에 보내는 편지를 통해 주님이 말씀하셨습니다.

> 너희 몸은 너희가 하나님께로부터 받은 바 너희 가운데 계신 성령의 전인 줄을 알지 못하느냐 너희는 너희 자신의 것이 아니라 값으로 산 것이 되었으니 그런즉 너희 몸으로 하나님께 영광을 돌리라
> | 고전 6:19-20 |

예수님은 우리 몸이 '성령이 거하시는 전'이라고 하십니다. 하지만 오늘날 사람들이 지혜롭지 못한 것들을 임의로 취함으로 자기 몸을 상하게 합니다. 마약이나 약물의 폐해는 두말할 나위가 없고요, 술은 어떻습니까? 담배는요? 균형 잡히지 못한 식단은요? 또 과도하게 취하는 카페인은요? 끝이 없어요. 그런 것들이 질병을 일으키는 원인이 되지요. 만일 우리가 하나님의 말씀대로 우리 몸을 그분의 성전으로 이해한다면, 과식은 물론이거니와 운동하지 않는 습관까지도 하나님께 영광을 돌리지 못하는 일이라고 말할 수 있습니다. 결국 우리의 미련함과 게으름도 질병을 일으키는 원인이라 할 수 있습니다.

그 외에도 마음에 병이 생길 수 있어요, 우리 영혼에도, 교회에도, 가정에도 병이 들 수 있습니다. 사탄은 우리의 연약함과 약점을 잘 알고 있습니다. 어디를 건드리면 이성을 잃고 범죄하는지, 어디를 찌르면 낙망하고 절망하는지 사탄은 잘 알아요. 그래서 그런 것들을 교묘하게 엮어 마음의 병, 영혼의 병, 관계의 병을 만듭니다. 하여 오늘날 우리 인생에서, 사람들 사이에서, 또 교회 공동체 내에서도 이런 병들을 자주 만나게 됩니다.

치유가 필요하거든

우리 중 "나는 여호와 라파의 하나님, 치료하시는 하나님의 은혜가 필요하지 않다" 자신 있게 말할 수 있는 분이 있을까요? 우리는 모두 연약합니다. 한계가 있는 인간은 질병에 걸리기 쉽고 사탄에 속아 넘어지기 쉽고 사회적인, 환경적인 영향을 받기 쉽습니다. 하나님이 필요 없는 사람은 없어요.

다시 묻습니다. 여호와 라파, 치료하시는 하나님을 믿습니까? 정말로 믿습니까? 그분이 내 육체의 질병뿐 아니라, 마음의 상처, 영적인 눌림, 파괴된 관계까지 고치시고 소생시키시는 분임을 믿습니까? 내가 앓고 있는 질병을 하나님 손에 맡기기 바랍니까? 그분께 치유받고 회복되기를 원합니까?

아멘이라고 대답하기 전에 그 고백의 범위를 한 번 더 생각해 보기 바랍니다. 그 범위는 내가 생각하는 것보다 훨씬 크다는 사실을 알고 대답하자는 겁니다. '내가 아멘'한 것은 내가 치료하시는 하나님을 믿는다는 거지? 그건 그분이 나의 몸뿐 아니라, 내 마음과 영혼과 관계들까지도 치료하시고 회복시키는 분이라는 걸 믿는다는 거지? 내가 정말 그것을 믿고 또 소원한다는 거지?' 이 의미를 분명히 하고 '아멘'이라 고백하기 바랍니다. 다시 묻겠습니다. 여러분은 여호와 라파의 하나님, 치료하시는 하나님을 믿습니까? 그분을 바라십니까? 치유받고 나음을 얻기 원하십니까?

그렇다면 어린아이와 같은 믿음으로 하나님이 주신 약속의 말씀들을 읽으십시오.

내가 너의 상처로부터 새 살이 돋아나게 하여 너를 고쳐 주리라
|렘 30:17|

오라 우리가 여호와께로 돌아가자 여호와께서 우리를 찢으셨으나 도로 낫게 하실 것이요 우리를 치셨으나 싸매어 주실 것임이라 |호 6:1|

그가 찔림은 우리의 허물 때문이요 그가 상함은 우리의 죄악 때문이라 그가 징계를 받으므로 우리는 평화를 누리고 그가 채찍에 맞으므로 우리는 나음을 받았도다 |사 53:5|

상심한 자들을 고치시며 그들의 상처를 싸매시는도다 | 시 147:3 |

그가 네 모든 죄악을 사하시며 네 모든 병을 고치시며 | 시 103:3 |

위의 말씀들을 믿습니까? 하나님은 우리를 지으신 후 저 멀리 어딘가에서 홀로 계시는 분이 아닙니다. 오늘 이곳에서 우리와 함께하시며 우리의 육체와 심령과 영혼과 관계와 가정과 교회를 고치고 회복시키시는 '여호와 라파의 하나님'입니다. 이것을 믿는 자마다 치유의 역사를 경험하며 하나님의 영광을 보게 될 줄 믿습니다.

왜? 왜? 왜?

저는 '마라의 사건'을 대하면서 한편으로 씁쓸한 마음을 감출 길이 없습니다. 불과 사흘 전에 놀라운 홍해의 기적을 경험한 이스라엘 백성들입니다. 구름기둥과 불기둥으로 길을 인도하시는 하나님을 매일 체험한 이스라엘 백성입니다. 더 거슬러 올라가면 하나님은 모세라는 걸출한 인물을 준비시키셔서 열 가지 재앙으로 애굽을 치시고 백성을 구원하셨습니다. 하지만 이스라엘 백성은 마라의 쓴물 앞에서 하나님을 의심하고 원망했습니다. "우리가 다 죽게 되었다. 괜히 왔다. 하나님 왜 이렇습니까? 모세, 좀 잘 해라…."

그뿐입니까? 광야생활을 하는 내내 이스라엘 백성은 불평하고 원망하며 하나님을 대적했습니다. "아이고, 애굽에서 고기 가마 곁에 앉았던 때에 차라리 죽었더라면 좋았을걸. 어쩌다 이 광야까지 왔단 말인가!" "모세 너는 어째서 애굽에서 배불리 먹던 우리를 이 험난한 광야까지 데리고 나와서 주려 죽게 하는가!" 그들은 끊임없이 불평했습니다. 하나님이 정말이지 귀를 막고 싶었을 것 같습니다. 저 같으면 "그래? 죽어!"라고 했을 것 같아요. 아니 그래도 시원치 않을 판이에요. 그런데 우리 하나님의 인내와 긍휼은 끝이 없습니다. 그분은 만나와 메추라기로 배를 불리시고 광야생활 내내 옷과 신발이 해어지지 않도록 돌보셨습니다. 신실하신 하나님은 가나안을 주시겠다는 언약을 끝까지 지키십니다.

여러분, 저는 그게 좀 불만입니다. 아니 머리가 있으면 생각을 좀 해봐야 하는 것 아닙니까? 어떻게 그렇게 매번 미련하게 믿지 않고 불평하고 원망할 수 있습니까? 어떻게 하나님의 기적을 매일 목도하면서도 여전히 믿음이 없는 행동을 한단 말입니까? 엘 로이 하나님, 엘로힘 하나님, 엘 엘리온 하나님, 엘 샤다이 하나님, 여호와 이레의 하나님, 여호와 라파의 하나님…

반복해서 그분을 맛보아 알았음에도, 왜 그들은 그 여호와의 이름을 정말로 의뢰하지 못하고, 여호와의 이름을 그들 인생의 망대로 삼지 못하는 겁니까? 왜 그렇게 답답하냐 말입니다.

그런데 시선을 돌려 우리를 보면 이스라엘 백성과 다를 바가 없습니다. 여전히 하나님의 백성은, 나는, 우리는, 교회는 하나님을 대적하는 미련함을 답습하고 있습니다. 왜 그럴까요? 왜 우리는 하나님을 온전히 신뢰하지 못하는 걸까요? 하나님이 살아 계셔서 역사하시는 증거가 이토록 많은데 어째서 하나님께 의뢰하지 않는 걸까요? 사랑으로 우리를 돌보시는 하나님을 알면서도 왜 평안을 누리지 못하는 걸까요? 왜 전능하신 하나님을 의심해서 매번 불평하고 원망하는 걸까요?

틀림없습니다. 그것은 우리가 그 하나님의 이름을 안 믿고 있기 때문입니다. 나는 믿고 있다고 생각하지만, 실은 정말로 믿는 것이 아닙니다. 여기서 우리의 문제가 비롯됩니다.

여호와 라파의 하나님에게로

어디가 아프십니까? 외롭습니까? 기쁘지가 않습니까? 곤고합니까? 관계가 어려워졌습니까? 악한 권세가 계속하여 내 속

사람을 사로잡아 죄의 권세나 두려움 아래로 끌어가고 있습니까? 가정과 일터와 교회와 이웃 간에 치유와 회복이 필요한 곳이 있습니까? 하나님을 의뢰하십시오. 여호와 라파, 하나님의 이름을 믿고 그분께 나아가십시오.

"주님, 제가 병들었습니다. 하나님, 제가 곤고합니다. 제가 도저히 어떻게 할 수 없습니다" 하십시오. 하나님은 상한 마음을 기뻐하십니다. "주님, 제 심령이 병들었습니다. 제가 죄악으로 인하여 마음이 강퍅해졌습니다. 내 안에 선을 행하는 힘이 다 사라졌습니다. 주님, 제가 원치 않는데, 계속해서 미움이라는 죄를 짓습니다. 불신앙과 의심으로 인하여 곤고합니다. 이기고 싶은데 힘이 없습니다. 주여, 저를 이 사망의 음침한 골짜기에서 건져 주옵소서." 여호와 라파의 하나님이 상하고 고통스러운 그곳을 치유하시고 회복시키실 것입니다.

> 여호와여 주는 나의 찬송이시오니 나를 고치소서 그리하시면 내가 낫겠나이다 나를 구원하소서 그리하시면 내가 구원을 얻으리이다
> | 렘 17:14 |

나를 고치시는 이가 하나님입니다. 나를 질병에서 구원하시는 이가 하나님입니다. '여호와 라파'의 하나님을 믿으십니까? 믿는 자에게 하나님은 그의 아픔과 상처와 질병을 치유하시고

회복시키십니다. 그러므로 여호와 라파의 이름을 믿음으로 구하십시오. 그런데 믿음으로 구하고 나서 우리가 할 일이 있습니다. 다음 말씀을 주목하십시오.

> 이르시되 너희가 너희 하나님 나 여호와의 말을 들어 순종하고 내가 보기에 의를 행하며 내 계명에 귀를 기울이며 내 모든 규례를 지키면 내가 애굽 사람에게 내린 모든 질병 중 하나도 너희에게 내리지 아니하리니 나는 너희를 치료하는 여호와임이라 | 출 15:26 |

그렇습니다. 이 말씀처럼 우리의 치유와 회복에는 반드시 '순종'이 함께 갑니다. '치유와 회복과 순종'은 패키지예요. "여호와의 말을 청종하고, 내 계명에 귀를 기울이고 지키면, 그러면 모든 질병의 하나도 너희에게 내리지 아니하리라." 그분이 약속하셨어요. 왜요? "나는 여호와 라파니까. 나는 치료하는 하나님이니까." 그런데 조건이 하나 있어요. 바로 순종이에요.

여호와 라파의 기적은 순종과 함께 갑니다. 그러므로 하나님께서 하지 말라고 하시는 것은, 정말로 하지 마십시오. 하나님께서 하라고 하시는 것은 정말로 하십시오. 그때 하나님의 치료는, 그때 여호와 라파 하나님의 역사는, 정말로 내 삶의 한가운데에 실재하게 될 것입니다.

육체 중 어디든, 마음이든, 영혼이든 치유와 회복이 필요하다고 생각한다면 가난한 마음으로 우리의 의사 되시는 여호와 라파의 하나님 앞으로 나아오십시오. 그런 다음에 잘 분별해야 합니다. 앞서 말한 우리의 잘못된 식생활, 음주, 흡연, 마약, 불규칙한 생활 리듬 등으로 오게 된 질병이라면, 의사의 도움은 필수적일 것입니다. 하지만 그것을 지나 나의 여타한 죄로 인해서, 또는 영적인 문제로 인해서, 나아가 하나님께서 기뻐하지 않는 나의 불순종으로 인해서 오게 된 질병이라면, 그래서 지긋지긋한 고질병으로 자리한 질병이 있다면, 상처가 있다면, 눌림이 있다면, 반드시 말씀을 근거로 나의 속사람을 살펴보시기 바랍니다. 혹시 이 일은 사탄의 공격이 아닌가? 혹시 오늘 내 안에 처리되지 못한 죄가 자리하고 있는가? 혹시 불순종하고 있는가? 내 영혼이 눌려 있는가? 진지하게 물으십시오. 조용히 하나님 앞에 나를 돌이켜 보십시오.

기억하세요. 우리가 믿는 하나님은 마라와 같은 우리 인생 길에서, 그곳의 쓴물을 단물로 바꾸시며 우리를 치료하고 회복시키시는 '여호와 라파'이십니다. 그러므로 어떤 형편에 계시더라도 그분의 치유를 기대하며 나아오세요.

룻기에 나오는 나오미는 인간적인 선택을 하여 모압 땅으로 이민 갔다가 모든 것을 다 잃는 '쓴물'을 마셨습니다. 남편과 두 아들을 다 잃었습니다. 끔찍했죠. 가망이 없는 인생으로 떨어져 버렸습니다. 하지만 나오미는 하나님을 의지하여 이스라엘로 돌아왔고, 거기서 전혀 생각지도 못한 방식으로 도우시는 하나님을 만났습니다. 남편과 두 아들을 잃은 상실과 고통을 하나님은 치유하시고 다시금 생명을 이어 가도록 회복시켜 주셨습니다.

이처럼 인생길에는 먹을 양식과 물이 떨어지는 쓴물을 맛볼 때가 있습니다. 사업에 실패하고 직장을 잃고 병에 걸리고… 이때 '여호와 라파' 그분의 이름을 부르십시오.

네 하나님 여호와를 섬기라 그리하면 여호와가 너희의 양식과 물에 복을 내리고 너희 중에서 병을 제하리니 | 출 23:25 |

혹시 죄 가운데 빠졌거나, 병이 드셨습니까? 그분을 바라보세요.

그가 네 모든 죄악을 사하시며 네 모든 병을 고치시며 네 생명을 파멸에서 속량하시고 인자와 긍휼로 관을 씌우시며 좋은 것으로 네 소원을 만족하게 하사 네 청춘을 독수리같이 새롭게 하시는도다 | 시 103:3-5 |

혹시 마음이 상하셨습니까? 그분께서 싸매 주십니다.

상심한 자들을 고치시며 그들의 상처를 싸매시는도다 | 시 147:3 |

혹시 하나님께 징계를 받고 있다 느끼시나요? 그분께로 돌아가십시오.

오라 우리가 여호와께로 돌아가자 여호와께서 우리를 찢으셨으나 도로 낫게 하실 것이요 우리를 치셨으나 싸매어 주실 것임이라 | 호 6:1 |

혹시 상처로 힘드십니까?

내가 너의 상처로부터 새 살이 돋아나게 하여 너를 고쳐 주리라
| 렘 30:17 |

예수님께서 약속하셨어요. "건강한 자에게는 의사가 쓸 데 없고 병든 자에게라야 쓸 데 있느니라 너희는 가서 내가 긍휼을 원하고 제사를 원하지 아니하노라 하신 뜻이 무엇인지 배우라 나는 의인을 부르러 온 것이 아니요 죄인을 부르러 왔노라"(마 9:12-13).

그분이 바로 여호와 라파, 치료하시는 하나님입니다. 우리 인생도, 그 땅도, 그 땅에 임한 온역도 고치시는 분이 여호와 라파 하나님이십니다. 우리의 육체도, 우리의 감정과 영혼도 진정

한 의원이신 '여호와 라파의 하나님'이 고치십니다. 그러므로 이제 우리 함께 그분 앞으로 나아가십시다.

> 하나님이여 나를 살피사 내 마음을 아시며 나를 시험하사 내 뜻을 아옵소서 내게 무슨 악한 행위가 있나 보시고 나를 영원한 길로 인도하소서 | 시 139:23-24 |

겸손히 나아가 그분 앞에 나를 내려놓고 그분의 치유와 회복을 소원하십시오. 말라기 선지자를 통하여 주셨던 하나님의 약속이 저와 여러분에게 확증될 것입니다.

> 내 이름을 경외하는 너희에게는 공의로운 해가 떠올라서 치료하는 광선을 비추리니 너희가 나가서 외양간에서 나온 송아지같이 뛰리라 | 말 4:2 |

7장.
구원하시는 하나님, 예수 그리스도

| 마 1:21; 롬 9:1-5 |

설교 영상

아들을 낳으리니 이름을 예수라 하라 이는 그가 자기 백성을 그들의
죄에서 구원할 자이심이라 하니라 | 마 1:21 |

성자 하나님의 이름은 '구원자 예수'입니다. '자기 백성을
죄에서 구원할 자'라는 분명한 뜻과 목적이 담긴 이름입니다.
전혀 모호함을 허락하지 않습니다. 사도 바울은 예수님을 만난
뒤 구원자 예수의 의미를 분명히 깨달았습니다. 그래서 전도자
로서 일생을 바쳤습니다. 질문해 보실까요? 사도 바울은 어떻
게 전도자로서의 사명을 그토록 충실하게 감당할 수 있었을까
요? 로마서 9장은 그 이유를 분명히 밝히고 있습니다.

바울의 고민

로마서 9장을 바르게 이해하기 위해서는, 바로 앞 장인 8장
의 마지막 부분을 살펴보아야 합니다. 8장에서 바울은 예수를
믿고 구원받아 경험하게 된 변화와 감사와 기쁨을 이렇게 노래
합니다.

자기 아들을 아끼지 아니하시고 우리 모든 사람을 위하여 내주신 이
가 어찌 그 아들과 함께 모든 것을 우리에게 주시지 아니하겠느냐
| 롬 8:32 |

내가 확신하노니 사망이나 생명이나 천사들이나 권세자들이나 현재 일이나 장래 일이나 능력이나 높음이나 깊음이나 다른 어떤 피조물이라도 우리를 우리 주 그리스도 예수 안에 있는 하나님의 사랑에서 끊을 수 없으리라 | 롬 8:38-39 |

그런데 바로 다음 장인 9장에서는 분위기가 완전히 반전됩니다. 그는 갑자기 목소리를 낮추어 이렇게 고백해요.

나의 형제 곧 골육의 친척을 위하여 내 자신이 저주를 받아 그리스도에게서 끊어질지라도 원하는 바로라 | 롬 9:3 |

일평생 복음을 위해 달려온 사도 바울에게 고민이 있습니다. 고통스러운 고민입니다. 바로 민족이, 그의 동족이, 그의 가족이 복음을 받아들이지 않는 것입니다. 먹을 것이 없거나 사업에 실패했거나 큰 병으로 인한 고통이 아니었습니다. 내 동족, 내 민족, 내 골육의 친척이 예수를 믿지 않고 하나님을 거부하기 때문에 고통스럽습니다. 스스로를 "죄인 중의 괴수"라 한 바울이 이방인의 사도가 되어 복음을 증거한 결과 수많은 이들이 예수를 믿고 변화되었습니다. 하지만 정작 그의 동족은 끝까지 구원자 예수를 거부했습니다. 이 사실이 바울에겐 너무나 큰 아픔이었습니다.

이스라엘의 특권

이스라엘은 이미 하나님으로부터 여덟 가지나 되는 특별한 혜택을 받았습니다. 먼저 그들은 하나님의 '양자'가 되는 특권을 얻었습니다. 자격이 있어서가 아닙니다. 하나님의 무조건적인 은혜로 양자가 되었습니다. 이스라엘은 하나님의 '영광'을 보는 특권도 얻었습니다. 그들은 여러 번 하나님이 그들 가운데 임재하시는 것을 목도했습니다. 또 하나님은 그들에게 '언약'도 주셨습니다. 아브라함을 통해, 시내산을 통해, 또 선지자들을 통해 이스라엘은 수없이 많은 그분의 약속을 받았습니다. '율법'도 있습니다. 그들은 하나님이 원하시는 삶이 무엇인지를 알 수 있는 기준을 가지고 있습니다. 또 그들은 유일하게 하나님 앞에 나아가 경배하는 '예배'의 특권을 누렸습니다. '조상'도 있었죠. 그들에게는 이름만 대면 가슴 뛰는 위대한 조상, 아브라함, 이삭, 야곱이 있습니다. 그리고 그들과 함께 세운 '전통'을 소유했습니다. 그리고 마지막으로 '예수 그리스도'가 그들의 혈통으로 태어나신 특권까지도 얻었습니다.

하지만 그렇게 놀라운 특권을 가졌음에도 이스라엘 백성이 복음을 받아들이지 않았습니다. 오히려 하나님의 백성이라 자부하던 그들이 하나님의 아들을 십자가에 못 박았습니다. 교회를 핍박했습니다. 가장 먼저 구원을 받아 마땅한 이스라엘이 그만 그 은혜의 자리에서 떨어져 나간 것입니다. 사도 바울은 이것이 너무나 안타까워 고통스럽습니다.

"내 형제, 내 민족이 구원받을 수만 있다면, 아버지, 내가 저주를 받아 그리스도에게서 끊어지는 것도 상관하지 않겠습니다."

지금 사도 바울의 절박한 마음이 느껴집니까? 이스라엘이 복음을 받아들이고 구원을 받을 수만 있다면 나는 어떻게든 상관없겠다는 겁니다. 참으로 놀랍습니다. 그동안 유대인들이 바울을 어떻게 대했습니까? 바울을 쫓아다니면서 복음 전하는 것을 방해한 그들입니다. 방해만 한 게 아니라 비방하고 죽을 만큼 때리고 옥에 가두며 괴롭혔습니다. 사도 바울은 도대체 어떻게 그 원수 같은 동족을 향해 이렇듯 불타는 사랑을 토해 낼 수 있는 걸까요?

하나님의 심정을 압니까?

비밀은 하나님의 사랑 때문입니다. 좀 더 정확히 표현하면 바울이 '이스라엘을 향한 하나님 아버지의 그 사랑을 알고' 있기 때문입니다. 죽음과 멸망을 향해 달려가는 이스라엘을 향한 아버지의 마음을 그 애타는 심정을 바울이 이해하고 있는 겁니다. 아버지의 심정으로 이스라엘을 바라보고 있는 겁니다.

이스라엘이 하나님을 반역하고 예수 그리스도를 거부할 때 가장 마음이 아프신 분이 누굴까요? 두말할 필요 없이 하나님이십니다.

얼마나 아프실까 하나님의 마음은 / 인간들을 위하여 아들을 제물로 삼으실 때 / 얼마나 아프실까 주님의 몸과 마음 / 사람들을 위하여 십자가에 달려 제물 되실 때 / 얼마나 아프실까 하나님 가슴은 / 독생자 주셨건만 인간들 부족하다 원망할 때 / 얼마나 아프실까 주님의 심령은 / 자신을 주셨건만 사람들 부인하여 욕할 때

박종호 씨가 부른 '얼마나 아프실까'라는 복음성가입니다. 하나님의 심정을 이해하는 사람만이 쓸 수 있는 가사이며 노래입니다. 바로 그 아버지의 마음, 그 아버지의 아픈 사랑을 사도 바울이 이해하고 느끼고 있었기 때문에, 이스라엘이 복음의 백성이 될 수만 있다면 자신은 어떻게든 상관없다고 말하고 있는 것입니다.

"아버지, 나는 그리스도에게서 끊어지기까지 해도 괜찮습니다. 긍휼을 베풀어 주셔서 저 패역한 내 형제와 민족을 구원해 주신다면, 그래도 괜찮습니다. 그러니 저들을 구원해 주십시오."

왜 애통하지 않습니까?

믿지 않는 가족이 있습니까? 믿지 않는 이웃이 있습니까? 그들 때문에 애가 타고 고통스럽습니까? 믿음의 동역을 했던 형제자매 중에 지금은 복음을 거부하는 사람이 있습니까? 그들을 위해 애통해하며 "아버지, 그 영혼은 꼭 구원받아야 합니다" 라고 기도하고 있습니까?

솔직히 우리들 대부분은 사도 바울의 심정으로 복음을 거부하는 이들을 바라보지 못합니다. 멸망을 향해 걷는 안 믿는 저 영혼으로 인해 너무 괴롭지 않습니다. 그들 때문에 내가 구원을 받지 않아도 된다고 말하는 사도 바울의 말에 공감이 잘 되지 않습니다.

저의 장인 장모님은 하나님의 은혜로 그리스도인이 되셨습니다. 장인어른은 천국에 가셨고 장모님은 얼마 전에 권사 취임을 하셨습니다. 하지만 두 분이 예수 그리스도의 복음을 받아들이기까지 20여 년의 세월이 필요했습니다. 그 세월 동안 아내와 처제는 부모님만 생각하면 애가 탔고 마음이 무거웠습니다. 부모님이 구원받지 못할까 봐 아내는 늘 기도했고 제게도 기도를 부탁했습니다. 그런데 솔직히 고백하자면, 저는 아내만큼 간절하고 절박한 마음으로 두 분을 위해 기도하지 못했습니다.

왜 내 부모가, 형제가, 자녀가, 이웃이, 예수를 모른 채 멸망의 길로 향하고 있는데 절박하지 않는 걸까요? 저토록 많은 선교사님들이 잃어버린 영혼을 위해 애쓰는데, 그 때문에 우리한테 그들의 안타까운 상황을 전하는데, 우리는 왜 "음 그렇군요" 정도로밖에 반응하지 못하는 겁니까?

하나님의 마음을, 아버지께서 그들을 향해 가지고 있는 심정을 모르기 때문입니다. 그걸 이해하지 못해서 그래요. 물론 간혹 느끼기도 합니다. 하지만 금방 잊습니다. 때로는 내 삶의 형편 때문에 살짝 외면하기도 합니다.

아버지의 상한 마음을 아십니까? 잃은 자식을 찾아 당신의 품에 안기까지는 절대로 다른 위안이 있을 수 없는 아버지의 그 아픔을 아십니까? 분명한 건, 그분의 그 아픔을 알 때 비로소 우리가 고통스럽게 눈물로 죽어 가는 형제를 위해 기도할 수 있다는 것입니다.

누가복음 15장에는 탕자의 비유가 나옵니다. 우리는 탕자 하면 집 나간 둘째 아들만 생각하지만 사실 그 이야기에는 또 한 명의 탕자가 있습니다. 다름 아닌 아버지와 함께 있던 맏아들입니다. 맏아들은 작은아들처럼 집을 나가지도 않았고 아버지의 재산을 탕진하지도 않았습니다. 하지만 그는 안타깝게도 아버지의 마음, 아버지의 아픔을 몰랐습니다. 곁에 있지만 너무나 먼 '집 안의 탕자'였습니다.

생각해 보십시오. 아버지에게 재산은 문제가 되지 않습니다. 집 나간 아들, 잃어버린 아들이 문제입니다. 그 아들을 다시 찾기까지 아버지는 세상의 어떤 즐거움도 만끽할 수가 없습니다. 그래서 아버지는 매일 동구 밖에 나가 아들을 기다렸습니다. 밤이면 아들이 혹시 오지 않을까 문을 열어 두었습니다. 작은아들이 집을 나간 뒤로 아버지의 마음은 이렇듯 늘 노심초사했습니다.

하지만 큰아들은 아버지의 마음을 조금도 헤아려 본 적이 없습니다. 그러니 동생이 돌아왔을 때 아버지가 살진 송아지를 잡아 잔치를 열었다고 화를 낸 것이지요. "아니 아버지는 말 잘 듣는 나를 위해서는 고깃국 한번 안 끓여 주시더니, 아버지의 재산을 말아먹은 저 녀석을 위해서는 송아지를 잡아 잔치를 벌여 주세요? 어떻게 그럴 수 있습니까? 불공평합니다." 아버지의 마음을, 아버지의 심정을 이해할 수 없는 큰아들은 그 정도밖에 되지 않는 것입니다. 솔직히 큰아들이 우리가 아닙니까? 아버지의 마음을 모르기는 우리도 마찬가지 아닙니까? 그러니까 잃어버린 영혼을 향해 애통한 마음이 없는 거지요.

그래서 여러분과 함께 구하고 싶은 기도 제목이 하나 있습니다. "아버지, 우리에게 아버지의 그 마음을 주시옵소서. 우리에게 아버지의 그 시선을 주시옵소서"입니다. 물론 머리로는 알죠. 아버지의 마음이, 아버지의 뜻이 잃어버린 영혼들을 향하고 있다는 것을요. 머리로는 충분히 동의합니다. 하지만 그걸로는 많이 부족합니다. 아버지의 눈으로 세상을 보고, 아버지의 마음으로 영혼을 느끼며, 아버지의 꿈을 꾸고, 아버지의 부르심에 순종하기에는 많이 부족합니다. 아버지의 눈으로 세상을 보면 남보다 더 큰 것을 추구하던 우리의 관심이 영원한 것으로, 주인께 인정받을 만한 것들로 옮겨집니다. 아버지의 마음으로 영혼을 느끼면 사도 바울의 기도를 나의 기도로 삼을 수 있습니다. 아버지의 꿈을 꾸게 되면, 요한계시록 7장의 이야기가 내 인생의 꿈과 비전이 됩니다. 그리고 아버지의 부르심에 순종하면, 청지기로서 살게 됩니다.

잃어버린 영혼은 누구입니까?

우리가 잃어버린 영혼에 대해 고통스럽도록 안타까워하지 않는 이유는, 한편으로 구원의 시급함을 모르기 때문입니다. 세상은 그럭저럭 잘 돌아가는 것 같습니다. 내가 특별히 뭘 하지 않아도 별 문제가 없어 보입니다. 과연 그렇습니까? 눈을 들어 그들에게 진정으로 예수 그리스도가 필요하다는 것을 직시해야 합니다.

아들이 있는 자에게는 생명이 있고 하나님의 아들이 없는 자에게는
생명이 없느니라 | 요일 5:12 |

우리는 믿지 않는 친구, 가족을 볼 때 '잃어버린 사람'으로
보아야 합니다. 비록 그가 권세와 돈과 지위를 다 가진 부족함
없는 사람 같아도, 예수 그리스도가 필요한 잃어버린 영혼으로
보아야 합니다. 우리는 종종 착각합니다. '저 사람은 아무리 보
아도 예수님이 필요하지 않겠어. 돈 있겠다, 건강하겠다, 자식
들 잘되겠다, 평판 좋겠다, 도대체 뭐가 아쉬워서 예수를 믿겠
어?' 그러면서 '혹시 그에게 어려움이 생기면, 그때 한번 권해
봐야지' 합니다. 그러나 그리스도인이 이렇게 생각한다면 보통
심각한 게 아닙니다.

물론 사람들은 외모를 봅니다. 겉으로 나타난 현상을 봅니
다. 그래서 겉이 번지르르하면 괜찮다고 생각합니다. 그러나 우
리는 겉사람이 아닌 속사람, 그들의 겉모양이 아닌 영혼을 보아
야 합니다.

누가복음 19장에는 세리 삭개오의 이야기가 나옵니다. 삭
개오는 외면만 봐서는 키가 작다는 것 말고는 부족한 게 없는
사람 같습니다. 세리장으로서 출세했고 돈도 많았습니다. 세상
의 안락을 좇고 누리는 사람이었습니다. 하지만 주님이 바라본
삭개오는 구원이 필요한 죄인이었습니다. 주님은 삭개오가 나

무에 오르는 걸 보셨습니다. 영적인 갈증 때문이었죠. 그런 그를 보고 예수님은 한마디합니다. "삭개오야 내려오라." 이 말 한마디에 삭개오는 마음이 와르르 무너졌습니다. "주님, 제 재산의 반을 가난한 이들에게 나누고, 뉘게 토색한 일이 있으면 네 배로 갚겠습니다." 삭개오에게 필요한 것이 무엇인지 꿰뚫어 보신 주님에게 삭개오는 시키지도 않은 일을 하겠다고 합니다. 당연히 주님이 기뻐하셨죠. "오늘 구원이 이 집에 이르렀도다."

밤중에 주님을 찾아온 니고데모는 어떻습니까? 그는 바리새인이었고, 부자였고, 공회원 즉 국회의원으로 출세한 사람이었습니다. 사람들이 추구하는 것을 이미 다 갖춘 사람이었습니다. 하지만 그의 영혼은 갈급함이 컸고, 그래서 그 밤중에 주님께 나아왔습니다.

백부장 고넬료는요? 고넬료는 식민지 이스라엘을 다스리는 제국의 권력자였습니다. 가족도, 힘도, 종도 다 있었습니다. 예수가 필요 없어 보이는 사람이었습니다. 하지만 그의 속사람은 진리와 구원에 대한 절박함이 컸죠. 사도행전에서 그가 복음을 듣고 기뻐하는 모습을 봅니다. 그에게 정말 필요한 것이 무엇이었는지 알 수 있는 장면입니다.

세상 사람들 중 예수 그리스도의 십자가가 필요하지 않은 사람은 아무도 없습니다. 기억하십시오. 직시하십시오. 우리 곁에 있는 믿지 않는 가족은, 친구는, 이웃은, 교회를 떠난 형제자매는 '잃어버린' 사람입니다. 아무리 많은 재물과 권세와 건강과 행복을 가지고 있어도 그는 다만 '예수 그리스도가 필요한 사람'입니다.

저도 이왕이면 신사적으로 믿고 싶습니다. 지구 반대편 저 멀리 있는 영혼들, 태평양 섬들에 있는 영혼들, 중동에서 태어나고 자란 영혼들, 또 한 번도 교회에 나간 적이 없지만 나름대로 잘 살고, 착하게 사는 사람들, 그들이 그냥 구원받았으면 좋겠습니다. 구원의 길이 여러 개일 수 있다는 주장에 동의하고 싶습니다. 하지만 그것은 제 감정입니다. 진리가 아닙니다. 저는 제 본성이나 감정을 믿지 않아요. 하나님의 말씀을 믿습니다. 천하에 구원받을 다른 이름을 주신 적이 없다는 말씀 때문에 "당신들은 너무 독선적이야"라는 비난을 들으면서도, 저는 그들이 '잃어버린' 사람이라고 믿습니다.

믿지 않는 그들은 그냥 내버려 두면 결국 멸망하고 말 진노의 자식일 뿐입니다. 하나님이 이미 그렇게 진단을 내리셨어요. 그들은 죄인입니다. 우리는 말씀을 따라 그들을 멸망의 길로 가는 잃어버린 존재로 보아야 합니다. 그럴 때 우리는 증인이 되고, 전도자가 되고, 인도자가 되어 선교적인 인생과 교회를 세워 갈 수 있습니다.

부끄럽습니다

제가 운동을 좀 합니다. 그런데 제가 모든 운동을 좋아하고 금방 따라 하지만 절대로 배우지 못하는 운동이 하나 있습니다. 그것은 수영입니다. 이유가 있죠. 초등학교 4학년 때로 기억하는데요, 저의 어머니께서 교회학교 교사를 하셨는데, 여름성경학교를 마치고 교사위로회에 갔습니다. 그때 따라간 곳이 한탄강이었습니다. 빠져 죽는 사람이 많아서 한탄강이라더니, 제가 그랬습니다. 한창 물놀이를 하던 중 강 건너편에 있는 엄마한테 가려다가 강바닥의 돌멩이에 미끄러져 그만 급한 물살에 휩쓸리게 된 것입니다. 지나갔으니 하는 말이지만, 당시는 정말이지 죽는 줄 알았습니다. 죽기 직전에 '세상이 노랗다'더니 그날 그걸 경험했습니다. 꼴깍꼴깍하며 물살에 휩쓸려 가는데 온 세상이 노란 물감색 그 자체였습니다.

그런데 지금도 영화의 한 장면처럼 각인된 장면이 있습니다. 당시 어머니 체격이 꽤 듬직했는데, 급류에 휩쓸려 떠내려가는 저를 따라 강가를 내려오며 "어떡해 어떡해" 발을 동동 구르시는 장면입니다. 꼴깍꼴깍하는 그 짧은 순간에 급류에 휘말려 떠내려가는 아들을 따라 뛰며 "저걸 어떻게 해, 저걸 어떻게 해" 하던 어머니의 안타까워하는 모습을 잊을 수가 없어요. 그때 제가 크게 깨달았습니다. '아, 나는 적어도 주워 온 자식은 아

닌가 보다.'

바로 그 마음인 거죠. 내 부모, 내 형제, 내 친구, 내 이웃이 급류에 휩쓸려 떠내려가는데 무심히 쳐다만 볼 사람은 없습니다. 발을 동동 구르며 울부짖거나 안타까워하는 것이 당연한 반응입니다. 내 사랑하는 엄마가, 아내가, 남편이, 자식이 '죽어 가는데' 어떻게 가만있을 수 있겠습니까? 믿지 않는 이들에 대한 마음이 그런 것이어야 합니다. 저의 어머니가 안타까워 발을 동동 구르신 것처럼 그런 심정으로 그들을 바라봐야 합니다. 그런 심정일 때 눈물로 애통해하며 기도할 수 있습니다.

지금은 예수를 믿든 믿지 않든 별 차이가 없어 보입니다. 그러나 인생을 끝내고 돌아가는 날 생명과 죽음이 갈리는 차이를 경험하게 됩니다. 한 사람은 영원한 생명으로, 다른 사람은 영원한 불구덩이로. 그러니 아직 인생이 끝나지 않은 지금, 예수님을 믿어야 합니다. 죽고 나면 더 이상 기회가 없습니다.

다행히 우리는 구원받았습니다. 예수를 믿게 되었어요. 하여 구원받고 새생명을 얻었습니다. 그런데 거기서 그치면 안 되죠. 세상 끝날에 주님이 물으실 것입니다.

"너 기쁘냐?"

"예, 기뻐요 주님, 정말 감사해요. 예수 믿게 해주신 것 정말 감사해요."

주님이 다시 물으십니다.

"그런데 너 혼자 구원받았다고 감격하고 기뻐하냐?"

주님의 지적에 부끄럽습니다. 더 말을 잇지 못하고 얼굴을 붉힐 뿐입니다.

> 내가 확신하노니 사망이나 생명이나 천사들이나 권세자들이나 현재 일이나 장래 일이나 능력이나 높음이나 깊음이나 다른 어떤 피조물이라도 우리를 우리 주 그리스도 예수 안에 있는 하나님의 사랑에서 끊을 수 없느니라 | 롬 8:38-39 |

로마서의 이 말씀 앞에서 우리는 부끄러움을 느껴야 합니다. 죽어 가는 영혼이 안타까워 애통해하며 눈물로 기도하는 사도 바울의 모습에서 깊은 부끄러움을 느껴야 합니다. 사도 바울처럼 내 동족이 복음을 받아들이기만 한다면 나는 어떻게 돼도 괜찮다고 기도할 수는 없지만, 적어도 그들을 보며 "하나님, 내 형제가, 내 자식이, 내 친구가 아직 예수를 모릅니다. 너무 안타깝습니다"라고 기도해야 하지 않겠습니까? 그래서 저는 회개합니다. 내게는 그런 고통이, 그런 안타까움이, 영혼에 대한 그런 부담감이 너무 적습니다.

급류에 휩쓸려 가던 저는 어떻게 되었을까요? '물 찬 돼지'라 불리던 이인철 선생님이 물속으로 뛰어들어 저를 건져 주셨습니다. 그 큰 몸이 물속에선 물개 같았습니다. 지금은 어디서 무엇을 하며 사시는지 모르지만, 그분의 얼굴, 이름만큼은 분명하게 기억합니다. 아니 평생 잊지 못할 것입니다. 물살에 휩쓸려 죽어 가던 나를 살려 준 '생명의 은인'이니까요.

천국에서 듣고 싶은 말

저는 신학교 졸업 후 계속 목회 현장에만 있었습니다. 그런 제가 "하나님, 제게 다시 3년만 공부할 수 있는 기회를 주세요" 기도하고 캐나다 저 북쪽에서 미국 저 남쪽의 시골 학교로 또 한 번 유학의 길을 떠난 데는 분명한 목적이 있었습니다. 하나는 '코리안 디아스포라 즉 하나님의 섭리 아래 흩어진 우리 민족'이었고, 다른 하나는 '세계 선교'였습니다. 이 둘을 묶어 사역에 적용하는 것이 제 학업의 중심 주제였어요. 그런데 늦깎이 유학을 결정할 때 제게 결정적인 영향을 미친 사건이 있습니다.

앞에서도 말했지만, 바로 2003년 선교대회에 갔다가 어느 은퇴한 선교사님의 말씀이 저를 도전한 것입니다. 선교사님은 천국에 가서 듣고 싶은 말이 있는데, 하나는 하나님께 "Well done!"을, 다른 하나는 천국의 사람들한테 "Because of you!"고 했습니다. 당신 때문에 내가 예수 믿고 천국에 왔다는 뜻입니다.

그 순간 저는 제 안에서 터져 나오는 감격과 도전 때문에 도저히 앉아 있을 수가 없어서 무릎을 꿇었습니다. 그리고 가슴을 치며 외쳤습니다.

"아버지, 제게도 그 소원을 주십시오. 아버지, 저도 그날 그곳에서 그 말을 듣고 싶습니다. 짧은 인생, 보잘것없지만, 저도 그 일을 위해 제 인생을 드리고 싶습니다. 저도 그곳에서 '당신 때문에'라는 말을 허다한 무리에게 듣고 싶습니다."

제 안에는 이 기도를 드릴 때의 감격이 여전합니다.

제게는 초등학교 동창이자 군대 동기인 경식이라는 친구가 있습니다. 나중에 소문으로 들은 것인데, 이 친구가 제대 후 제 고향 교회인 인천 부개동교회를 다니고 있으며, 거기서 청년회 회장이 되었다고 했습니다. 부개동교회는 규모가 제법 되어서 청년회 회장이 되는 게 쉽지 않은데 놀라웠습니다. 하지만 곧 잊었죠. 그런데 얼마 후 캐나다에서 목회할 때 들었는데, 그 친구가 그 교회 선교부서 담당 부장집사가 되었다는 것입니다. 홈페이지에 들어가 보니, 그 친구가 얼마나 열심히 외국인 노동자들을 섬기는지 깜짝 놀랐습니다. 그뿐이 아닙니다. 얼마 후 전도사가 되었습니다. 그리고 다시 얼마 후 목사가 되었습니다. 이메일을 주고받으면서 이 친구의 신앙이 얼마나 뜨겁던지 '처음 된 자가 나중 되고, 나중 된 자가 먼저 된다'는 말씀이 친구와 저를 두고 하는 말씀 같았습니다.

1999년 태국으로 선교여행을 갔다가 잠시 한국에 들른 적이 있습니다. 그 친구가 그 소문을 듣고 저를 찾아왔습니다. 그리고 꿈에도 잊지 못할 감격스러운 고백을 해주었습니다.

"신일아, 내가 왜 예수 믿게 되었는지 아니? 너 때문이야."

깜짝 놀랐습니다.

"너와 얘기를 나눌 때면 예수 믿는 사람은 뭔가 다르다는 걸 느끼곤 했어. 너랑 헤어져서 돌아오는 길에 늘 생각했지. 신일이에게 있는 특별함이 뭘까? 제대 후 '교회 다녀 임마!' 했던 네 말이 생각나서 교회에 다니게 됐고 거기서 예수님을 만났어. 그래서 나는 내 인생의 가장 귀한 예수님을 소개해 준 네게 늘 감사해."

바로 그날 저는 한 영혼이 구원받을 때 아버지께서 얼마나 기뻐하시는지, 그 심정을 조금은 알 것 같았습니다. 어떻게 된 것인지는 잘 모르겠지만 분명한 것은, 그 친구가 부족한 저를 통해 예수 그리스도를 보게 되었고, 알게 되었다는 것입니다. Because of you! 바로 그 이야기입니다. 그 친구의 인생에 가장 귀한 예수, 가장 복된 예수를, 감사하게도 부족한 저를 통해 발견하게 된 것입니다. 저는 그 친구의 고백을 절대로 잊지 못합니다. "너 때문이야. 너 때문에 내가 예수 그리스도를 알게 되었어. 너무 감사해."

이 이야기는 여기서 끝나지 않습니다. 제가 하나님 나라에
도착했을 때, 저에게 다가와 "당신 때문에"라고 이야기할 사람
은 단지 그 친구뿐이 아닙니다. 친구 경식이는 안산에서 선교
사로 목사로 이주민 노동자들을 섬기고 있습니다. 그렇다면 그
친구 때문에 예수 믿게 된 이주민 노동자들도, 또 그들이 고향
땅으로 돌아가 복음을 전하여 믿게 될 사람들도 천국에서 저에
게 "Because of You"라고 말하지 않겠습니까? 이것이 웬 축복
입니까? 이것이 웬 영광입니까?

눈물에 비례하는 영혼 구원

우리 주변에는 아직도 예수를 믿지 않는 사람들이 있습니
다. 가족 중에 아직도 예수를 믿지 않는 영혼이 있습니다. 귀한
친구 중에 아직도 이 복음을 거부하는 영혼들이 있습니다. 우리
가 알지 못하지만, 지금도 세계 곳곳에서 주님을 모른 채 살아
가는 영혼들이 있습니다. 모두 한탄강과 같은 죄악의 급류에 휩
쓸려 떠내려가는 이들입니다.

아직 늦지 않았습니다. 발을 동동 굴러대십시오. "어떡해 어
떡해" 함께 따라가면서 안타까운 심정으로 엉엉 울어대십시오.

그 영혼들이 안타까워 고통스러운 마음으로 눈물로, 금식하며 기도하십시오. 하나님께서 우리의 눈물을 기다리십니다.

아내는 20년 동안 부모님을 위해 기도했고 부모님이 교회에 나가기 시작한 것은 '그날' 이후였다고 합니다. 그날은 부모님이 꼭 벼랑 끝에 서 계신 것 같아서 너무 안타까워 통곡하며 기도한 날입니다. 그리고 바로 그 주일에 부모님이 교회에 나가셨습니다. 하나님께서 아내의 눈물을 기다리신 것입니다. 딸의 애통하는 기도가 찰 때까지 기다리신 겁니다. 눈물로 기도하는 그 영혼이 아직도 왜 변화되지 않는 걸까요? 여러분의 사랑이, 여러분의 영혼에 대한 애통하는 마음이 아직 모자라기 때문에 그렇습니다.

아직도 여러분의 부모님이 예수님을 믿지 않습니까? 아직도 여러분의 형제가 자매가, 또는 자녀가 교회를 떠나 돌아오지 않습니까? 아직도 그 친구가 예수를 부인합니까? 여러분 삶과 교회 주변에 여러분을 통하여 구원해야 할 영혼들이 여전히 존재합니까? 나 혼자만 예수 믿는데도 행복하고 기쁩니까?

마지막으로 묻겠습니다.

"오늘 당신에게 그 영혼을 향한 그치지 않는 안타까움과 고통이 있습니까?" "오늘 당신의 눈에, 아직 예수 믿지 않는 그 영혼을 위한 눈물이 있습니까?"

만일 없다면, 이 시간 저와 함께 회개하기 원합니다. 그리고 함께 간구하기 원합니다.

"하나님, 제 마음을 보십시오. 제가 이렇게 형편없습니다. 제가 이렇게 영혼에 대한 안타까움이 없습니다. 제가 이렇게 나 구원받은 것만 다행이라고 생각하면서, 아버지의 마음을 모른 채, 이기적으로 살아갑니다. 아버지, 사도 바울에게 주신 영혼에 대한 그 고통을, 그 안타까움을 제게도 회복시켜 주시옵소서. 제게 그 영혼들을 위하여 애통하며 눈물을 흘리며 간구하는 심정을 주시옵소서."

사도 바울과 같이 잃어버린 영혼들을 위해 애통한 눈물을 흘릴 때, 하나님께서 여러분의 기도를 들으시고 그 영혼을 구원하실 것입니다. 기억하십시오. 눈물의 간구가 없이는 영혼이 돌아오는 역사는 없습니다. 기억하십시오. 그 영혼이 왜 돌아오지 않는가 하면 여러분의 간절한 사랑의 눈물과 간구가 없기 때문입니다. 두려움과 떨림으로 이 말씀을 들으십시오. 만약 우리의 사랑이 모자라서, 우리의 행위가 모자라서, 그 영혼이 끝까지 돌아오지 않는다면, 그날 "내가 그의 피 값을 네 손에서 찾을 것"(겔 3:18)이라고 하나님은 말씀하셨습니다.

영혼을 사랑하고, 잃어버린 자를 찾아 구원하는 일은 선택 과목이 아닙니다. 그 일은 예수 그리스도를 이 땅에 보내신 아버지의 소원이요, 교회를 세우신 목적이요, 구원받은 성도의 존재 이유입니다. 하나님의 이름 '예수'에는, 잃어버린 자를 찾아 구원하길 원하시는 하나님의 간절한 마음과 의도가 담겨 있습니다. 그러므로 기억하십시오. 사도 바울과 같이 잃어버린 영혼을 위해 애통해하며 우십시오. 하나님께서 우리의 기도를 듣고 그 영혼을 구원하실 것입니다.

8장

주 되신 하나님, 아도나이

| 창 15:1-2; 마 7:21 |

설교 영상

그 이름의 중요성

지금까지 우리는 여러 장에 걸쳐 하나님의 이름을 살펴보며 묵상과 은혜를 나눴습니다. 하나님의 이름에는 하나님의 성품, 속성 그리고 우리를 향한 기대까지 모두 담겨 있습니다. 덕분에 우리는 하나님을 더 잘 알게 되고, 더 많이 누리게 되고, 더 많이 의지할 수 있게 되었어요. 문득 이런 의문이 생깁니다. 그래서 하나님을 더 잘 알게 되었는데 그다음 우리에게는 어떤 일이 일어났습니까? 우리는 정말로 의미 있는 변화를 경험하게 되었습니까?

이제 우리는 무슨 일을 만났을 때 병거와 마병이 아니라 하나님의 이름으로 달려가고 있습니까? 그 상황 가운데 하나님을 정말로 나의 하나님으로 부르고 또 누리고 있습니까? 풍성하신 하나님, 엘 샤다이의 하나님, 예비하시는 하나님, 치료하시는 하나님을 매일매일의 삶 속에서 정말로 경험하며 살아가고 있냐는 것입니다. 성경 속의 하나님, 성경 인물들의 하나님, 이 책 저자의 하나님이 아니라 오늘 우리가 경험하고 만지고 누리는 하나님으로 체험하며 살아가고 있습니까?

혹시 그렇지 못하다면 그 이유는 하나입니다. 이번 장에서 알고자 하는 이 '하나님의 이름'을 아직 모르기 때문입니다. 그 이름은 바로 '나의 주, 나의 하나님, 나의 아도나이 하나님'입니다. 어쩌면 '아도나이 하나님'은 하나님의 이름 중 가장 중요한 이름일지도 모릅니다. '아도나이 하나님'을 모른다면 나머지 하나님의 이름도 안다 말할 수 없기 때문입니다. 다시 말해, 우리가 '아도나이 하나님'을 믿고 고백해야 비로소 다른 이름들도 의미 있는 이름들로 자리하게 됩니다. 그래서 '주 되신 하나님, 아도나이'는 아무리 강조해도 지나치지 않은 가장 중요한 이름입니다.

주 되신 하나님, 아도나이

'아도나이 하나님'은 창세기 15장에 처음으로 등장합니다. 창세기 14장에는 아브라함으로 이름이 바뀌기 전인 아브람이 전쟁에서 큰 승리를 거둔 이야기가 기록되어 있어요. 이때 아브람은 아주 신비로운 존재인 살렘 왕 멜기세덱으로부터 놀라운 축복을 받습니다.

> 천지의 주재이시요 지극히 높으신 하나님이여 아브람에게 복을 주옵소서 너희 대적을 네 손에 붙이신 지극히 높으신 하나님을 찬송할지로다ㅣ창 14:19-20ㅣ

멜기세덱의 축복을 받은 아브람은 멜기세덱에게 소유의 10분의 1을 드립니다. 십일조를 드린 것입니다. 이 사건 이후 15장에서 '아도나이 하나님'이 소개됩니다.

> 이후에 여호와의 말씀이 환상 중에 아브람에게 임하여 이르시되 아브람아 두려워하지 말라 나는 네 방패요 너의 지극히 큰 상급이니라
> | 창 15:1 |

앞서 하신 하나님의 언약과 축복이 이때 다시 주어집니다. 이는 하나님의 일방적인 사랑 고백입니다. 너의 방패가 되겠다, 너의 상급이 되겠다는 것입니다. 너무도 감사할 일이죠. 그러나 이때 아브람의 반응이 뜻밖입니다. 하나님의 그 뜨거운 사랑 고백에 그는 별로 탐탁해하지 않는 모습으로 반응합니다.

> 아브람이 이르되 주 여호와여 무엇을 내게 주시려 하나이까 나는 자식이 없사오니 나의 상속자는 이 다메섹 사람 엘리에셀이니이다
> | 창 15:2 |

무슨 말입니까? 아직도 하나님이 약속하신 아들이 없다는 겁니다. 그래서 대신 그의 집에 있는 충직한 종 엘리에셀을 가문의 상속자로 세우겠다는 것입니다. 그 말에는 아직 약속을 이

행하지 않는 하나님에 대한 서운함이 살짝 묻어나고 있어요.

중요한 건 이때 아브라함이 사용한 하나님에 대한 호칭입니다. "주 여호와여." 영어 성경에는 대문자 LORD로 표기되어 있는데, 히브리어로는 '아도나이'입니다. '주, 주인, 주님'이라는 뜻이죠. 그날 아브라함이 하나님을 '주'라고 부른 것이 성경에서 하나님을 '주'라고 기록한 첫 번째 구절입니다.

여기서 묻겠습니다. 여러분은 아브라함처럼 하나님을 '아도나이, 주님'이라 부르십니까? 그분이 여러분의 진정한 '주, 주님'이십니까? 이 질문에 우리는 모두 "예"라고 대답할 것입니다. 우리는 예수를 믿은 후 매일 별 거부감 없이 그 이름을 사용해 왔어요. 그분은 당연히 나의 주, 주인, 주님이십니다. 그렇다면 그 고백 속에는 어떤 구체적인 의미가 담겨 있을까요? 세 가지를 묵상해 보려 합니다.

하나님이 나의 주인 되신다

먼저 우리가 하나님을 '주님' '아도나이'라 부르고 고백할 때, 그 순간 하나님과 나 사이에 생기는 특별한 '관계'를 주목하고 싶습니다. 우리는 예수님을 영접하는 순간 "나를 위해 십자가를 지시고 당신의 핏값으로 나를 사신 예수님이 내 인생의 주인입니다. 이제부터 저는 주님의 소유요 주님의 종입니다"라고 고백합니다. 그런데 그 순간, 우리의 마음속 깊은 곳에서부터 이런 생각이 살짝 올라와요. '이제 내 인생엔 낙이 없다. 주님의 종이니까 더 이상 자유도 없고, 재산도 다 빼앗길 거고, 미래도 별거 없을 거고 큰 즐거움도 없을 거다. 이제는 뭐 천국이나 바라보고 사는 거지. 내 인생 이제 끝이네.' 왠지 좀 억울한 생각이 드는 것입니다.

결론부터 말하면 그렇지 않습니다. 기억하십시오. 우리가 하나님을 '주'라 부르고, 나를 '종'이라 인정할 때, 하나님과 나 사이에 생겨나는 관계는 우리 생각대로 "이제 다 끝났어"가 아닙니다. 대신 그 순간에 형성되는 주님과 나의 관계는 적어도 아브라함이 하나님을 '아도나이, 주'라고 고백했을 때 형성되어 있는 관계, 즉 주인과 상속자의 관계입니다.

구약시대 히브리인의 종 개념은 오늘날 우리가 알고 있는 로마시대의 노예 개념과 다릅니다. 조선시대의 머슴으로 생각하면 안 돼요. 아브라함 때의 종은 주인의 전적인 돌봄을 받는 존재였습니다. 주인은 종의 필요를 공급하고 보호하며 심지어 매일의 일과를 나누는 매우 친밀한 존재였습니다. 성경을 보면, 히브리 사람들은 종을 가족이나 다름없이 대했으며, 할례를 받으면 유월절 예식에도, 나중에는 아브라함의 축복에도 참예할 수 있었습니다.

그러므로 아브라함이 고백한 '주, 주인, 주님'에는 자신을 노예나 머슴으로 여기는 개념이 전제되지 않습니다. 오히려 아브라함과 엘리에셀의 관계를 전제하고 있습니다. 기억하십시오. 하나님이 나의 주인이 된다는 것은 나에게 부어질 풍성한 유익은 물론, 하나님이 나의 모든 것을 책임져 주신다는 것을 의미합니다. 그런 의미에서의 '아도나이, 주님'이지요. 하나님께서 실제로 아브라함에게 그 사실을 확인해 주십니다.

아브람아 두려워하지 말라 나는 네 방패요 너의 지극히 큰 상급이니라 ㅣ창 15:1 ㅣ

정말 놀라운 일 아닙니까? '주' 되시는 그분이 나의 안전을 보장하십니다. 광야 같은 인생길에서 완전하신 하나님이 내 삶을 책임지는 방패요 상급이 되어 준다 하십니다. 그러자 아브라함이 "아도나이, 나의 주, 나의 하나님"이라고 고백합니다.

시편 141편에도 동일한 하나님의 이름이 등장합니다.

주 여호와여 내 눈이 주께 향하며 내가 주께 피하오니 내 영혼을 빈궁한 대로 버려 두지 마옵소서 ㅣ시 141:8 ㅣ

"주 여호와여"가 바로 '아도나이'입니다.

> 나를 지키사 그들이 나를 잡으려고 놓은 올무와 악을 행하는 자들의
> 함정에서 벗어나게 하옵소서 | 시 141:9 |

그분이 나를 지키신답니다. 그분이 나를 붙드신답니다. 그분이 올무에서 벗어나게 해주신답니다. 그분이 누구입니까? '아도나이' 나의 주 하나님이십니다. 사사기에서 기드온을 부르실 때도 하나님은 '아도나이 하나님'으로 오셔서 어디든 기드온과 동행하며 대적을 한 사람 치듯이 치겠다고 약속하십니다.

> 여호와께서 그에게 이르시되 내가 반드시 너와 함께하리니 네가 미디안 사람 치기를 한사람을 치듯 하리라 | 삿 6:16 |

제가 캐나다에서 미국으로 다시 유학길에 오를 때 가장 걱정한 것이 재정적인 문제였습니다. 많은 유학생이 이 문제에서 자유롭지 못합니다. 더구나 제겐 자녀가 셋이나 되니 가정을 책임져야 할 가장의 무게도 있었습니다. 하지만 '한 번 사는 인생, 한 번 믿은 예수 그리고 한 번 하는 헌신' 하면서 호기롭게 미국 유학길을 선택했어요.

캐나다에서 미국으로 가기 직전, 우즈베키스탄에 3주가량

선교 사역을 다녀왔습니다. 돌아오는 길에 하루 한국을 경유했는데, 한국에서 마지막으로 적을 두었던 교회 목사님과 저녁 식사를 하게 되었습니다. 식사 도중 목사님이 미국 유학 간다는 말을 듣고 물으셨습니다.

"누가 좀 돕는 사람이 있나?"

"아니오. 없습니다."

"그러면, 우리가 장학금을 조금 보낼게."

얼마나 감사한지요. 하나님께서 이렇게 길을 열어 주시는구나 하면서 신나게 캐나다로 돌아왔습니다. 신변과 집을 정리하고 식구들의 비행기 값으로 중고차까지 한 대 마련해 미국으로 출발했어요. 그런데 이게 웬일입니까? 캐나다에서 미국으로 운전해 내려오는 그 일주일 사이에 장학금을 마련해 보겠다던 목사님께서 갑자기 그 교회를 사임하신 겁니다. 무척 당황스러웠습니다. 많이 속상했습니다. "아니, 이렇게 내 허락도 없이 교회를 사임하셔도 되는 거야?" 혼자서 투덜대기도 했습니다. 하지만 그때의 경험은 결국 저에게 무척이나 유익한 것이 되었습니다. 저를 온전히 하나님의 손안으로, 하나님의 책임 아래로 들어가게 해주었기 때문입니다.

어찌어찌 한 학기를 마쳤습니다. 학교에서 장학금을 50% 지원받고 틈틈이 일해서 등록금을 마련했습니다. 하지만 늘 **빠**

듯했지요. 다음 학기 등록금은 어떻게 마련하나 걱정이 태산인데, 한국의 후배 전도사님한테서 이메일이 왔습니다. 성경 과외를 하는 아이의 어머니가 선교사나 신학생 중에 도움이 필요한 사람이 있냐고 물어보셨다는 겁니다. 그동안 통장에 넣어 둔 돈에 붙은 이자를 어느 선교사님의 계좌로 송금하고 있었는데, 무슨 일인지 1년치 이자가 빠져나가지 않았다는 겁니다. 후배는 그 순간 저를 떠올렸고 "혹시 받아 줄 수 있나요?" 하고 연락이 온 겁니다. 마음은 뛸 듯이 기뻤지만 점잖게 답장했습니다.

"정 그러시다면… 그분의 뜻이 너무 귀하니 받겠다."

그렇게 두 번째 학기를 마칠 수 있었습니다. 놀라지 마십시오. 그분이 그때부터 10년간 후원을 하셨습니다. 제가 학업을 마치고 목회지로 부임한 뒤에도 돈을 보내셨습니다. 다른 분께 보내시라 했지만 다른 신학생과 선교사들을 섬겨 달라시면서요. 저는 그것을 'Kim's 장학금'이라고 부릅니다. 놀라지 마십시오. Kim's 장학금으로 목회자와 선교사로 세워진 분들이 15명 정도가 됩니다. 그중의 하나가 저이고요.

조금 더 제 이야기를 해보겠습니다. 그렇게 학비 걱정은 해결됐지만 생활비가 문제였습니다. 제가 살던 켄터키의 윌모어는 동네 전체에 신호등이 딱 두 개 있을 정도로 한적한 시골 마을이었습니다. 거기서 담배밭과 말 목장을 지나 20여 분 달리면

렉싱턴이라는 아담한 도시에 닿습니다. 그 렉싱턴에 한인 교회가 두 곳 있는데, 하나는 감리교회(UMC), 다른 하나는 장로교회(PCUSA)였습니다. 당시 우리는 감리교회에 출석했는데, 어느 날 그 옆에 있던 장로교회 목사님이 사임을 하셨습니다. 그 교회가 미국 교단에 속한 한인 교회로, 목사님을 모시는 데 시간이 좀 걸렸어요. 그 교회에서 제게 전화해서 그 주일에 설교를 해달라고 했습니다. 얼른 대답했습니다.

"학업이 분주하기는 하지만, 주님의 교회가 더 중요하죠."

제가 좀 착해서 사례비에는 관심을 두지 않습니다. '내가 돈이 없지 가오가 없나?' 이러면서요. 하지만 주시는 건 받아요. 일꾼은 말씀의 삯으로 사는 게 성경적인 거니까 주시면 감사함으로 받습니다. 그런데 다음 주에도 "목사님 한 주만 더 설교 해주실 수 있으세요?" 전화가 왔습니다. 제가 뭐라고 했을까요? "학업은 바쁘지만 교회가 더 중요하죠." 또 열심히 설교했습니다. 그랬더니 이번에는 "한 달을 해줄 수 있나요?" 했고 나중에는 "그냥 새 목사님 오실 때까지 해줄 수 있나요?" 했습니다. 그래서 1년 가까이 설교하게 되었습니다.

켄터키는 시골이다 보니 한 달에 천 불이면 다섯 식구가 살만했습니다. 그런데 매주 사례비로 200불을 주셔서 그것으로 한 주 한 주 살았습니다. 다음 해는 논문 학기여서 학비가 크게 들지 않았습니다. 그러자 그 교회에 새로운 목사님이 부임하셨습니다. 하나님은 넘치지도 부족하지도 않게 저를 책임져 주셨습니다. 하나님은 참으로 아도나이의 하나님이십니다.

유학 시절의 경험은 저를 '당신의 책임 아래로 부르신' 주, 주인, 아도나이의 하나님이 어떤 분이신지를 분명히 각인시켜준 놀라운 체험이 되었습니다. 그 하나님이 저만의 하나님이신가요? 아니죠. 그분은 여러분의 삶의 여정을 여기까지 인도해주신 여러분의 아도나이 하나님이십니다. 그러므로 이제부터 "주님" 하고 부르실 때 좀 더 자신 있게 당당하게 부르십시오. 주님이신 그분이 우리 삶을 책임져 주십니다. 방패요 기업으로 우리를 지키십니다.

나를 순종의 자리로 부르신다

하나님을 '아도나이, 주'로 고백하는 것은 둘째, 주인 되신 하나님이 나를 '순종'의 자리로 부르신다는 것을 의미이기도 합니다. 즉 '아도나이'에는 우리의 순종이 전제되어 있어요. 사실 여기서 우리의 갈등이 시작되죠.

예수님은 누가복음에서 입으로만 "주여 주여" 하는 이들을 꾸짖습니다.

너희는 나를 불러 주여 주여 하면서도 어찌하여 내가 말하는 것을 행하지 아니하느냐 | 눅 6:46 |

주님의 안타까운 심정이 느껴집니다. "너희가 입으로는 나를 '주여' '나의 주 나의 하나님' '아도나이'라고 부르면서도, 실제로는 나의 말과 명령에 순종하지 않고, 또 나의 지배를 인정하지 않으려 하는구나!" 우리가 '주, 아도나이'라고 부르는 것은 단지 그분의 보좌 앞에 나아가 '주님은 저의 주인이시며, 저는 주님의 종입니다'를 인정하는 데 그치는 것이 아닙니다. 하나님은 우리가 '주님'이라고 부른 후에 당신이 원하고 명하시는 일에 순종하는 '행위'까지 하기를 원하십니다. 주인 되신 하나님은 종 된 우리에게 온전한 순종을 요구하실 권리가 있는 분입니다. 왜냐하면 그분은 피조물인 나의 순종을 요구하실 수 있는 창조'주' 하나님, '아도나이'이시기 때문입니다.

모세도 광야에서 하나님의 부르심을 받았을 때 입으로는 '주'라 하면서 하나님이 기대하시는 '순종의 행위'를 하지 않았습니다.

주여 나는 본래 말을 잘하지 못하는 자니이다 주께서 주의 종에게 명령하신 후에도 역시 그러하니 나는 입이 뻣뻣하고 혀가 둔한 자니이다 | 출 4:10 |

모세가 하나님을 어떻게 불렀습니까? "주여"입니다. '아도나이'입니다. 하지만 모세는 입으로는 주님이라 하면서 말주변이 없어 그 일을 할 수 없다고 불순종을 시도합니다. 모세는 그 순간 정말로 그분을 '아도나이'라고 인정했을 겁니다. 믿었을 겁니다. 하지만 복종하지는 않았습니다. 그것이 문제였어요. 그리고 그것이 우리의 문제입니다. '주, 아도나이'라는 하나님의 이름에는 우리의 순종이 당연히 전제되어 있습니다. 그런데 우리는 순종하지 않으면서 그분을 '주'라 부릅니다.

이사야는 어느 날 저 높은 하늘 보좌에 앉으신 하나님을 보았습니다. "웃시야왕이 죽던 해에 내가 본즉 주께서 높이 들린 보좌에 앉으셨는데 그의 옷자락은 성전에 가득하였고"(사 6:1). 누가 보좌에 앉으셨다고요? "주께서." '아도나이'입니다. 잠시 후 이사야는 또 한 번 하나님을 '아도나이'라고 부릅니다. "내가 또 주의 목소리를 들으니 주께서 이르시되 내가 누구를 보내며 누가 우리를 위하여 갈꼬 하시니 그때에 내가 이르되 내가 여기 있나이다 나를 보내소서 하였더니"(사 6:8).

하나님은 이사야에게 그 놀라운 하늘의 천상 회의를 보여주신 후, 자신을 '아도나이'라고 부른 이사야가 '순종'하기를 기대하셨습니다. 그래서 "내가 누구를 보내며 누가 우리를 위하여 갈꼬?" 하셨죠. 그러자 이사야가 이렇게 대답합니다. "내가 여기 있나이다 나를 보내소서." 이사야는 '주'라 입으로 고백했을 뿐 아니라 행위로도 순종한 것입니다.

'별세의 목회'를 말씀하시던 이중표 목사님에게 직접 들은 이야기입니다. 교회 안에 너무나 힘든 한 분이 계셨습니다. 골치가 아플 만큼 힘든 분이었습니다. 아무리 '이것은 벽이다'라고 해도 '아니다, 문이다'라고 대답하는 벽창호 같은 사람이었습니다. 어떤 날은 너무 답답하고 속상해서 이렇게 기도했답니다. "아버지, 어째서 저분은 이사도 안 갑니까? 하나님, 저분은 왜 저리도 건강합니까?" 그러다 도무지 안 되어서 하나님께 떼를 썼습니다. "하나님, 저 양반 때문에 더 이상 목회 못하겠습니다. 저 양반을 데려가시든지, 저를 데려가시든지 둘 중의 하나를 해주세요." 진짜 힘드셨던 겁니다.

그런데 그날 밤 꿈에 주님이 나타나셨습니다. "얘야, 걔 때문에 힘들지." 목사님은 기다렸다는 듯이 토로합니다. "예, 주님, 저 정말 힘들어요. 저 못하겠어요. 그러니까 어떻게 좀 해주세요." 잠자코 목사님의 하소연을 듣던 주님이 이렇게 말씀하셨습니다. "걔, 나도 안 돼. 나도 힘들어. 걔 인생 마치는 날, 내가 내 보혈로 덮어서 데리고 갈 테니 그때까지만 네가 좀 살펴 주면 안 되겠니?" 그 순간 정신이 번쩍 났습니다. '그렇지. 예수님도 하다 하다 안 되니까 십자가를 지신 거지!'

변화가 시작되었습니다. "걔, 나도 안 돼" 하신 걔가 바로 자신이었다는 걸 목사님이 깨달았습니다. 걔나 나나 다르지 않은 겁니다. 목사님은 다시 마음을 다잡고 '참자, 인내하자, 내가 더 사랑하자, 내가 더 순종하자' 하고 그분을 품었다고 합니다. 누가 주인이고 누가 종인지가 분명히 드러나는 이야기입니다.

달라스연합교회를 섬길 때, 교회가 파송한 세 번째 선교사 가정이 있습니다. 케이시, 해나 그리고 아들 주안이. 달라스 신학교의 1.5세 신학생 가정이었는데, 삼고초려로 모시고 와 학생부 전도사로 3년, 영어권 전담 개척 사역자로 2년을 섬긴 후 파송 준비를 시작했습니다. WEC 선교회의 C. T. 스터드 선교사님이 하신 말, 즉 "만일 예수님이 하나님이시고, 그분이 십자가에서 나를 위해 죽으셨다는 것이 사실이라면, 내가 그분을 위해 드리는 어떤 것도 희생이라 말할 수 없다"는 말을 입에 달고 살던 형제였습니다.

5년여 우리 교회를 섬긴 후 선교지로 나가겠다고 해서 몇 군데 나라로 정탐 여행을 다녀오라 했습니다. 그런데 돌아와서 이라크에 가겠다고 했습니다. 저는 "애도 아직 어린데 조금만 덜 위험한 곳으로 가자. 사모님이랑 조금 더 의논해 봐" 하고 권했습니다. 며칠 뒤 와서 하는 말이 "목사님, 아내와 의논했는데요. 이왕 할 거면 센 데 가서 하잡니다" 하기에 더 이상 말릴 수 없었습니다. 얼마 후 IS 전쟁이 일어나기 전에 제가 한번 다녀왔습니다. 3천만 명이나 되는 사람들이 나라가 없이 살아가는 쿠르드족의 땅, 참으로 척박한 땅, 거기가 케이시 선교사가 간 곳이었습니다. 지난번 전쟁 때 IS들이 거점으로 삼았던 모슬 땅은 옛니느웨에서 무척이나 가까운 곳입니다.

그렇게 파송을 떠난 케이시는 전쟁이 터졌을 때 IS들이 곧들이닥칠 거리에 있으면서도 도망갈 생각을 하지 않았습니다. 우리는 케이시 가정을 위해 기도로 지원했지만, 하도 걱정이 되어 이메일을 보냈습니다.

"케이시, 잠깐 나왔다 들어가자. 너무 위험해. 그대들은 미국 여권을 가지고 있잖아."

하지만 케이시의 답장은 이랬습니다.

"목사님, 이 쿠르드 형제들은, 지난 역사에서 수없이 많은 배신과 배반의 경험을 했고, 그를 통해 오직 산(mountain)만이 자신들을 품어 주었고, 산만이 자기들의 친구라고 말하는 사람들입니다. 저는 이 친구들이 가장 어려움을 겪을 때, 그들과 함께 있어 주고 싶습니다."

어떻게 전쟁터 한복판에서 이런 대담함이 나올 수 있을까요? 어쩌면 죽을지도 모르는 상황에서 어떻게 이토록 의연한 겁니까? 케이시는 그의 주, 아도나이가 누구인지 알았습니다.

하나님이 어떤 분인지 알기에 케이시는 그토록 대담할 수 있었습니다.

제가 그곳에 갔을 때, 성 호르미즈드 수도원을 방문한 뒤 산 꼭대기에 올라 저 아래 모슬 땅, 옛 니느웨를 내려다보고 있을 때였습니다.

"목사님, 여기가 요나가 니느웨를 내려다보며 하나님과 씨름하던 그 자리인 것 같아요."

동행한 케이시가 이렇게 말했을 때 믿지 못했습니다.

"에이 설마."

"진짜예요. 이 주변에 산은 여기밖에 없어요."

'아 그렇구나. 여기가 요나서 4장에 나오는 그 산이구나.'

"그런데 목사님, 바로 여기가 그때 하나님이 저를 불러 주신 자리예요."

순간 가슴이 찡했습니다. 케이시가 여러 나라를 돌아보던 중 바로 이곳에서 주님의 부르심을 받은 겁니다. "너, 이리로 오련?" 해서 간 겁니다. '아도나이' 하나님이 부르신 곳이기 때문에 순종으로 간 것입니다. 우리가 고백하는 '아도나이' 주님에는 순종이 전제되어 있습니다. 순종은 종이 해야 하는 당연한 모습입니다. "주여, 말씀하옵소서. 종이 듣겠나이다. 종이 순종하겠나이다." 주님에게 순종하고 복종하는 것은 당연합니다.

주님의 진지한 부르심

여기서 한 가지 더, 우리는 하나님을 '주, 아도나이'라고 부를 때, 그 이름에 내포된 주님의 '진지함과 단호함'을 기억해야 합니다. 주님은 당신의 '주인 됨'에 대하여 추호의 양보도 없으십니다. 결코 대충 넘어가지 않으십니다.

무릇 내게 오는 자가 자기 부모와 처자와 형제와 자매와 더욱이 자기 목숨까지 미워하지 아니하면 능히 내 제자가 되지 못하고 누구든지 자기 십자가를 지고 나를 따르지 않는 자도 능히 내 제자가 되지 못하리라 | 눅 14:26-27 |

주님의 진지함이 느껴집니까? 요한복음에서도 매우 단호하게 말씀하십니다. "너희가 나를 선생이라 또는 '주'라 하니 너희 말이 옳도다 내가 그러하다"(요 13:13). 마태복음에선 '아도나이'라 부를 때 동반되는 행위까지도 분명히 말씀하십니다. "나더러 주여 주여 하는 자마다 다 천국에 들어갈 것이 아니요 다만 하늘에 계신 내 아버지의 뜻대로 행하는 자라야 들어가리라." 누가 천국에 들어간다고요? '아도나이'이신 그분의 뜻대로 행하는 자가 들어간다 합니다.

그러므로 우리가 하는 입술의 고백에 속으면 안 됩니다. 입술로는 얼마든지 "주여, 아도나이" "주여, 주여, 주여" 열정적으로 말할 수 있습니다. 그런데 이 입술의 고백이 내 신앙이라고 착각해선 안 됩니다. 내 입술의 고백을 보고 남들도 내 신앙이 좋다고 칭찬할지도 모릅니다. 하지만 그렇지 않을 수 있습니다.

그분을 주님이라고 고백하는 종은 그분의 명령이 힘들고 버거워도 진지하게 순종합니다. 주님의 말씀이 이해되지 않아도 내 생각을 주장하지 않습니다. '주님이 하라 하셨으니' 하면서 합니다. '주님이 하지 말라 하셨으니' 하면서 하지 않습니다.

마태복음에서 예수님은 입술로만 "주여 주여" 고백한 사람의 결국이 어떻다고 합니까? 천국에 들어가지 못합니다. 그분의 이름으로 선지자 노릇도 하고, 귀신도 쫓아내고, 놀라운 일도 많이 했지만 천국에는 들어가지 못해요. 진지한 순종이 없기 때문입니다. 말로만 했기 때문이에요. 믿음 따로, 순종 따로입니다. 그때 주님은 결단코 그냥 넘어가지 않으십니다. 그분은 무척이나 단호하세요.

저는 캐나다에서 미국으로 유학 가면서 주님께 두 가지 약속을 했습니다.

"제 마음의 소원을 따라 공부할 수 있는 기회를 주시니 감사합니다. 열심히 하겠습니다. 그런데 이건 주님이 시켜 주시는 공부니까, 학업 후 진로는 주님이 찾아 주십시오. 그곳이 어디가 됐든, 어떤 일이든 불러만 주시면 제가 군소리 않고 순종하겠습니다. 그러니 주님이 찾아 주세요. 제가 찾지 않겠습니다."

신학교가 있는 월모어라는 동네는 진짜 아무것도 없는 시골이었습니다. 제가 놀기를 좋아하는데 놀 게 없어서 공부를 했을 정도였습니다. 하지만 아무리 공부를 열심히 해도 누구 하나 알아주는 사람도 기억해 주는 사람도 없었습니다. 제가 "딱 3년만 공부시켜 주세요" 기도했는데, 정말로 정확히 3년이 되었을 때, 논문 리서치 과정 중에 만난 위클리프 선교회의 정민영 선교사님의 소개로 달라스에 있는 교회로 가게 되었습니다.

그 교회는 달라스에서 가장 오래된 한인교회로 1년 반 동안 담임목사가 공석으로 있었는데, 신뢰할 만한 분에게 담임목사를 천거받기로 하고 정민영 선교사님께 "사십 대의 선교적 마인드를 가진 젊은 목사님을 찾아 주세요"라고 부탁했던 것입니다. 당시 저는 30대였지만, 제 외모가 이미 60대까지 충분히 커버할 수 있어서 나이는 전혀 문제가 되지 않았습니다. 처음 달라스를 방문한 날, 공항에 마중 나온 박 장로님과 어색한 인사를 나눈 뒤 그분 차에 오르며 여쭸습니다.

"장로님, 어떤 교회입니까?"

"헉, 모르고 오셨어요?"

당황하신 장로님이 공항에서 교회로 이동하는 20분 동안 교회의 상황을 말씀해 주셨는데, 교회에 도착한 순간 이미 제

마음속에는 결심이 섰습니다. '절대로 오면 안 된다. 여기는 내가 감당할 수 있는 곳이 아니다.'

달라스연합교회는 1966년 광복절에 세워진 텍사스주의 첫 번째 한인 교회입니다. 쉽지 않은 이민 역사와 궤를 같이하며 교회도 종종 내홍을 겪었고, 당시도 쉽지 않은 상황 가운데 있었습니다. 경험도 일천한 제가 무슨 수로 그런 공동체에서 목회할 수 있겠습니까? 그래서 결심한 거죠. '흠, 여기 오면 내가 사십을 못 넘기고 돌아가실 것 같다. 금, 토, 주일, 세 번만 설교하면 되니까 얼른 하고 도망가자.'

그런데 하나님이 어떤 분이십니까? 3일간 머물며 설교하는데 하나님이 예배 때마다 계속하여 제 마음에 도전하시는 겁니다. 영적으로 가난해진 성도들이 은혜를 사모하는 갈급함이 거룩한 부담으로, 주님의 성도들을 향한 긍휼로 제 안에 자리했습니다. 게다가 주님은 제가 지난 3년간 해온 기도를 계속 떠올리게 하셨습니다. "학업 후 진로는 주님이 찾아 주십시오. 그곳이 어디가 됐든, 어떤 일이든 불러만 주시면 제가 군소리 않고 순종하겠습니다." 결국 '얼른 설교하고 도망가자' 했던 저는 '종은 주인이 원하는 것을 하는 사람이지, 자기가 원하는 것을 하는 사람이 아니지. 혹시 불러 주시면, 제가 가서 열심히 하겠습니다'라고 기도하게 되었습니다.

예상대로 교회는 많이 버거웠습니다. 제 그릇에 비해 때론 힘에 부치기도 했습니다. 하지만 아도나이 하나님의 부르심은 무척이나 단호했고, 제게 최선의 순종을 요구하셨습니다. 놀랍게도 하나님은 부족한 이의 그 순종에 예비하신 엄청난 은혜를 쏟아부으셨습니다. 교회의 빠른 회복과 성장, 복된 사역자 공동체, 당시 지역에서 가장 든든한 영어권 공동체로 세워짐, 선교사 다섯 가정 파송, 3분의 1이나 되는 교우들이 여름 단기선교에 참여, 미주 선교 컨퍼런스에 숱한 사례 발표자로 세워 주시는 등 행복한 이야기들로 채워 주셨습니다.

그 모든 이야기가 어디서 시작됩니까? 그분의 진지한 부르심에서였습니다. 단호했어요. 하지만 일단 그분의 주인 됨을 믿고 "예" 하면 결과는 주님이 책임져 주십니다. 그분이 '아도나이'의 하나님이시니까요. 제가 '아도나이' 하나님 이름의 증인입니다.

요한복음 2장에는 예수님의 첫 번째 이적이 있었던 '가나의 혼인잔치' 이야기가 나옵니다. 물로 포도주를 만드신 예수님의 이야기죠. 어머니 마리아의 요청으로 예수님께서 다소 뜬금없는 지시를 했을 때, 종들이 무조건 순종함으로 놀라운 기적이 일어났습니다. 이 아름다운 이야기에서 저를 가장 감동시킨 장면은 이곳입니다.

연회장은 물로 된 포도주를 맛보고도 어디서 났는지 알지 못하되 물 떠온 하인들은 알더라 | 요 2:9 |

할렐루야! 물론 연회장은 그 기적의 포도주가 누구에 의해서, 어떻게 생겨났는지 몰랐습니다. 당연히 모를 수밖에요. 그런데 누가 알아요? 물 떠온 하인들입니다. 무슨 뜻입니까? 순종을 경험한 하인들만이 그 놀라운 기적의 비밀을 알고 있다는 겁니다. 오직 순종한 자들만이 그 비밀을 알아요. 믿음의 비밀은 오직 순종한 자들의 것입니다.

우리는 앞서 여러 하나님의 이름들을 만났어요. 그런데 그 좋으신 하나님의 이름들이 정말로 내 삶에 체득되고 경험되려면 먼저 고백해야 할 이름이 바로 '나의 주 하나님, 아도나이'입니다. 그분의 주 되심은, 오늘 내 인생의 모든 것을 책임져 주신다는 '풍성함으로의 초대'입니다. 또 그분의 주 되심은 종 된 우리에게 순종을 요구할 권리가 있다는 것을 의미합니다. 마지막으로 '아도나이' 되신 그분의 부르심은 항상 진지하고 또 단호합니다. '주 되신 하나님, 아도나이'라는 하나님의 이름이 분명히 우리 삶에 각인되므로 그분의 책임 아래로 들어가되, 단호하고 진지한 부르심에 마땅히 순종하는 우리가 되기를 바랍니다.

9장

목자이신 하나님, 여호와 라아

| 요 10:14-15; 시 23:1-6 |

설교 영상

양과 목자

새벽기도를 하다 보면 종종 옛 목회지의 잔상들이 떠오를 때가 있습니다. 저의 첫 번째 목회지는 대관령이었습니다. 지금은 많이 바뀌어 영동고속도로가 4차선으로 놓여 있는 데다 진부부터는 터널까지 뚫려서 시원하게 달릴 수 있습니다. 하지만 전에는 2차선인 데다 대관령을 넘어 강릉까지 꼬불꼬불한 길이 이어져 속도를 낼 수 있는 길이 아니었습니다. 지금도 기억나요. 원주를 지나 치악산 고개를 힘들게 올라 한참을 달리면 순서대로 평창이 나오고 그다음 이승복 기념관이 있는 속사, 오일장이 서던 진부, 홍당무 농사를 짓던 도암 그리고 감자 농사를 짓던 횡계, 그러고 나서 대관령을 넘게 되었죠.

그런데 그 중간에 지역 주민들만 아는 국도가 하나 있었습니다. 고속도로를 달리다가 샛길 같은 국도로 빠졌다가 다시 고속도로로 들어서면 통행료를 내지 않아도 되는 길이었어요. 도암 근처에서 국도로 들어와 횡계 쪽 시골길로 향하다 보면 거기가 대관령인데, 능선 하나를 넘었을 뿐인데 갑자기 파란 하늘과 맞닿은 푸르른 동산이 나오고, 짐승들을 방목하여 기르는 별천지가 펼쳐집니다. 정말 아름답죠. 생각해 보세요. 파란 하늘과 초록 능선이 맞닿은 곳에서 평화로이 풀을 뜯는 소와 양들, 정말 한 폭의 그림 같습니다. 찬송(569장)이 절로 나오죠.

선한 목자 되신 우리 주 항상 인도하시고 / 푸른 풀밭 좋은 곳에서 우리 먹여 주소서 / 선한 목자 구세주여 항상 인도하소서 / 선한 목자 구세주여 항상 인도하소서

그런데 이번 장에서 살펴볼 요한복음 10장이나 시편 23편에 등장하는 목자와 양은 대관령의 푸른 초원도 아니고 그 초원에서 한가로이 풀을 뜯는 양도 목자도 아닙니다. 지금도 이스라엘에 가면 북쪽 갈릴리 호수 위로는 푸르른 지역이 있지만, 나머지 땅들은 대부분 험한 산과 골짜기, 광야로 이루어져 있습니다. 이스라엘에서 차로 이동하다 보면, 거의 시뻘건 흙밭이거나 거친 돌로 이루어진 광야를 거닐고 있는 양과 목자들을 보게 됩니다. 그래서 작가 마크 트웨인은 "그 땅의 양들은 돌을 먹고 산다"고 했죠. 그러므로 성경에 나오는 양과 목자는 대관령이나 뉴질랜드의 푸른 초장과 쉴 만한 물가가 아니라 풀 한 포기 나무 한 그루 찾기 어려운 척박한 광야에서 생존하던 양과 목자로 이해하는 것이 좋습니다.

자연히 색깔은 거의 암갈색입니다. 드문드문 억센 풀들이 자라요. 그러니 생각해 보세요. 뜨거운 태양을 피할 넉넉한 그늘도 없는 곳, 또 비탈도 심해 자칫 굴러 떨어지기 쉬운 험한 곳,

거기가 이스라엘의 양들이 살아가던 환경이었습니다. 생존 자체가 만만치 않았어요. 하지만 괜찮습니다. 그들에게는 그런 열악한 형편 중에도 그들을 책임져 주는 목자가 있기 때문입니다. 목자는 밤의 이슬을 먹고 솟아나는 연한 싹들이 있는 곳으로 그들을 이끌고, 험한 산과 골짜기를 지날 때 안전한 길(의의 길)로 인도하며, 들짐승들의 위협 속에서 그들을 지켜 줍니다. 하여 양들은 행복했습니다.

그래서 이스라엘은 자주 그들 자신을 양으로, 하나님을 그들의 목자로 고백합니다. 아니 하나님 당신도 자신을 이스라엘의 '목자'로 계시하십니다. 이번 장에서 우리가 만날 하나님의 이름은 '목자이신 하나님, 여호와 라아'입니다.

정말로 부족함이 없습니까?

하나님께서 자신을 '목자'라 하신 데는 분명한 의도가 있습니다. 그분은 양 된 저와 여러분에게, 목자이신 당신이 얼마나 필요한지를 역설하고 계시는 겁니다. 어떠세요, 여러분은 "여호와는 나의 목자시니 내게 부족함이 없으리로다" 한 다윗의 고백에 동의하십니까? 정말로 그렇게 고백하십니까? 그런데 여러분의 그 고백에는, 과연 얼마만큼의 기대가 담겨 있습니까?

여러분은 과연 얼마만큼 또 어디까지, 그분이 여러분의 목자가 되어 주시기를 기대하고 있습니까?

시편 23편에서 다윗은 "여호와는 나의 목자시니 내게 부족함이 없습니다"라고 선언한 후 이어서 여호와께서 왜 나의 목자이시고, 그래서 왜 내게 부족함이 없는지를 설명합니다. 그분으로 인해 왜 내게 부족함이 없죠? 목자이신 그분이 내게 뭘 어떻게 해주시기 때문이죠?

우선 그분은 나를 푸른 초장에 누이십니다. 쉴 만한 물가로 인도하십니다. 내 영혼을 소생시키십니다. 자기 이름을 위하여 의의 길로 인도하십니다. 심지어 그분은 내가 사망의 골짜기를 다닐 때 나와 함께해 주십니다. 그리고 그분은 내 원수들 앞에서 나를 선대하시고, 내 잔이 넘치도록 채워 주십니다.

다윗은 이 모든 것을 근거로 이렇게 결단하며 고백합니다.

내 평생에 선하심과 인자하심이 반드시 나를 따르리니 내가 여호와의 집에 영원히 살리로다 | 시 23:6 |

다윗의 고백이 우리의 고백이 되기를 소망합니다. 특별히 시편 23편에서 흥미를 끄는 표현이 있습니다. 바로 "그가 나를 푸른 초장에 누이시며"입니다. 이 "누이시며"라는 동사에 주목할 필요가 있습니다.

양이 눕는다고요?

사실 양은 거의 눕는 법이 없습니다. 누워 자는 짐승은 손으로 꼽을 수 있을 만큼 드물어요. 우선 사자가 누워서 잡니다. 사자가 왜 누워서 자는지 압니까? 누워서 자도 건드리는 이가 없기 때문입니다. 또 집에서 키우는 고양이가 누워서 자요. 왜 그런지 아세요? 버릇이 없어서 그런 겁니다. 하지만 양이 누워서 잔다고요? 그건 말이 되지 않습니다. 실제로 양들은 한번 누웠다가는 일어나지 못해 버둥대다 죽기 십상이에요. 양들은 위기에 처했을 때 스스로 해결할 능력이 없는 동물이에요. 그 양이 누워서 잔다는 건 거의 자살 행위입니다. 거의 죽은 목숨입니다.

그런데 자신을 양이라 고백하는 다윗이 눕는다고 합니다. 여기에 비밀이 있습니다. 바로 "그가 나를 누이시며"라는 표현입니다. 즉 그 문장의 주어인 '여호와 하나님' 때문에 눕는다는 겁니다. 그 목자가 양의 모든 필요를 채워 주시므로, 양은 완전한 보호를 받아 만족스러우므로, 거기에 누울 수 있습니다. 그러니까 양이 누울 수 있는 건 그 이유가 양 자신에게 있지 않아요. 목자이신 그분에게 있습니다. "나의 목자이신 하나님, 그분 때문에 내가 평안함 중에 눕습니다!" 그런 고백인 거예요.

저는 시편 23편을 설교할 때면 신학교 시절에 처음 읽은 필립 켈러(W. Philip Keller)의 《양과 목자》를 꺼내 봅니다. 필립 켈러는 동아프리카의 선교사 자녀로 태어나 자랐고, 훗날 토론토에서 토양학을 전공했으며, 이후 8년간 실제로 큰 목장을 경영하며 살았습니다. 그래서 '양과 목자'의 관계로 '우리와 하나님'의 관계를 매우 탁월하게 설명하고 있습니다. 그에 의하면 양들은 네 가지가 만족되지 않으면 절대로 눕지 않는다고 합니다.

첫째, 양들은 배고픔을 해결했을 때 누울 수 있습니다. 양들은 배고프면 절대로 눕지 않아요. 둘째, 양들은 두려움에서 자유할 때만 누울 수 있습니다. 셋째, 양들은 옆에 있는 양들과의 갈등에서 자유해야만 누울 수 있습니다. 넷째, 저는 이 점이 가장 신기한데, 양들은 해충으로부터 자유할 때 누울 수 있답니다.

이번 장에서 저는 이 네 가지 조건을 하나하나 따져 보면서 '여호와 라아, 목자이신 하나님'을 묵상하고 그분을 목자로 믿을 때 내 삶에 일어나게 되는 일을 살펴보고자 합니다.

만족하도록 채우시는 '여호와 라아'

가장 먼저 우리가 하나님을 '목자이신 하나님, 여호와 라아'라고 믿고 고백한다는 것은, 우리 하나님을 인생의 '배고픔을 채워 주시고 만족케 하시는 분'으로 믿는다는 것을 의미합니다. 신명기의 말씀은 이스라엘 민족의 정체성이 형성된 광야 40년의 시간이 왜 주어졌는지를 설명하고 있습니다.

> 너를 낮추시며 너를 주리게 하시며 또 너도 알지 못하며 네 조상들도
> 알지 못하던 만나를 네게 먹이신 것은 사람이 떡으로만 사는 것이 아
> 니요 여호와의 입에서 나오는 모든 말씀으로 사는 줄을 네가 알게 하
> 려 하심이니라 |신 8:3|

하나님은 광야의 이스라엘이 당신을 그들 영육간의 생존을
책임지시는 분으로 알게 되기를 원하신 겁니다. 생각해 보세요.
한 사람이, 또는 한 가정이 광야에서 40일을 생존한다는 것도
대단한 도전입니다. 그런데 200만 명이나 되는 큰 집단이 광야
에서 40년을 살아남았어요. 그들이 어떻게 살아남았나요? 만
나와 메추라기 그리고 하나님의 말씀이었습니다. 물론 그들은
유목민이었으니 우유와 치즈, 고기도 얻었을 겁니다. 하지만 매
일 하늘에서 내리는 만나와 메추라기가 없었다면, 하나님이 주
시는 말씀이 없었다면, 무사히 광야를 통과하기 어려웠을 겁니
다. 문자 그대로 하나님이 이스라엘에게 '여호와 라아, 목자'가
되어 주신 겁니다. 비단 그들뿐인가요? 아니죠. 하나님은 오늘
도 우리의 주린 배를 채우시며 그 배고픔에 만족을 가져다 주시
는 여호와 라아, 목자이십니다.

앞에서 '주 되신 하나님, 아도나이'를 살펴보면서 저의 유학

생활 중에 학비와 생활비를 책임져 주신 하나님을 간증했습니다. 또 '풍성하신 하나님, 엘 샤다이'를 살펴보면서는 우리 딸 은진이가 가난한 형편에 어떻게 바이올린을 배우게 되었는지를 나누었습니다. 그런데 사실 그것들은 빙산의 일각이죠. 그외에도 신학교 시절, 강원도 목회와 유학 시절, 이후 이민 교회에서의 목회 여정에서 하나님은 저와 제 가정의 '여호아 라아'가 되어 주었습니다.

태백에서 개척교회를 섬길 때였습니다. 어느 날, 쌀이 떨어졌다는 아내의 말을 듣고 제가 심통이 났습니다. '아니 지금이 어느 시댄데, 목회한다고 집에 쌀이 떨어지냔 말야.' 그러면서 교회당 문을 드르륵 열었는데, 거기 정체불명의 쌀 한 부대가 덩그러니 놓여 있었습니다. 탄광촌의 작은 교회였기에 종종 교회의 재정이 떨어지곤 하였는데, 그때마다 그 교회 출신으로 타지역의 교사로 가 있던 자매가 십일조를 보내 주기도 했습니다.

그 당시 제가 일주일에 이틀씩 대학원에서 공부를 했습니다. 시골 교회 전도사가 공부를 이어 나가려면 반드시 장학금이 있어야 해요. 그러려면 반드시 All A를 받아야 합니다. 그걸 제가 받았어요. 그런데 세 번째 학기에 A-가 하나 나와서 장학금을 못 받게 되었습니다. 어쩔 수 없이 휴학을 고려하고 있었죠. 그런데 놀랍게도 등록하는 마지막 주간에 학교 교무처에서 전화가 왔어요. 제일 잘한 다른 학생도 A-가 하나 있어 동점이 되었으니, 이번에는 학교에서 두 사람 모두에게 장학금을 주겠다고 하는 겁니다. 학교에 등록하러 가는데 거의 날아갔습니다. '또 채워 주셨구나. 참 감사하다' 하면서요. 하나님은 늘 저를 배부르게 해주시는 목자 되신 하나님, 여호와 라아이십니다.

여러분도 비슷한 경험이 있지요? 정말 말도 안 되는 그분의 도우심으로 채워지고 실패에서 일어서고, 그러면서 은혜로 그 삶이 이어지게 되는 그런 특별한 은혜의 경험들 말입니다. 하나님은 우리 곁에 머무시다가 필요한 것이 생기면 흔들어 넘치도록 채워 주시는 목자, 여호와 라아의 하나님이십니다. 물질뿐 아니라 육적으로도 영적으로도 정서적으로도 관계적으로도 늘 만족함이 있도록 채우시는 여호와 라아이십니다.

두려움에서 자유롭게 하시는 '여호와 라아'

우리가 하나님을 '여호와 라아, 목자이신 하나님'으로 믿고 고백한다는 것은, 둘째, 그분이 두려움으로부터 자유롭게 하시는 분이라는 의미입니다. 혹시 오늘 어떤 일로 인하여, 또 어떤 사람으로 인하여, 어떤 버거운 상황으로 인하여 두려움에 눌려 있습니까? 일이 잘 안 되어 걱정이 되십니까? 가정에 우환이 닥

쳤습니까? 자녀가 곤란함을 겪습니까? 그래서 걱정되고 무서우세요? 여호와 라아, 목자 되신 그분께 달려가 그 음성을 들으십시오.

> 하나님은 사랑이시라 사랑 안에 거하는 자는 하나님 안에 거하고 하나님도 그의 안에 거하시느니라 l요일 4:16l

그다음이 중요해요.

> 사랑 안에 두려움이 없고 온전한 사랑이 두려움을 내쫓나니 l요일 4:18l

하나님께서 오늘 여러분을 사랑하신다는 사실을 믿으십니까? 그분의 사랑 안에 거하면 그 사랑이 우리의 두려움을 내쫓는다고 하십니다. '하나님이 나를 사랑하시는데 뭐' 하면서 그 말씀의 능력을 체험하시기 바랍니다.

> 하나님이 우리에게 주신 것은 두려워하는 마음이 아니요 오직 능력과 사랑과 절제하는 마음이니 l딤후 1:7l

하나님을 목자로 믿고 고백하는 자, 그들은 반드시 모든 두려움으로부터 자유롭게 될 줄로 믿습니다. 요한복음 10장에서 주님은 이렇게 선언하시죠. "나는 선한 목자라 선한 목자는 양들을 위하여 목숨을 버리거니와"(요 10:11). 목자 되신 주님께서 나를 사랑하시는데 얼마만큼 사랑하시는가 하면, 자신의 목숨을 내어주실 만큼 사랑하신답니다. 여러분은 대신해서 생명을 내어줄 만큼 누군가를 사랑해 본 적이 있습니까? 자녀가 아플 때 그런 생각을 했다고요? 하지만 부모의 사랑에는 한계가 분명히 있지요. 때때로 조건이 달리는 사랑을 합니다.

하지만 하나님은 내게 선한 목자가 되겠다 하면서 당신의 생명까지도 내어주며 사랑하신다고 합니다. '그분이 나를 그만큼 사랑해 주신다고? 생명까지 내어주시면서, 그 십자가만큼?' 우리의 생각이 거기에 이르면, 그 순간 우리를 짓누르던 어떤 두려움도 걱정도 사라져 버리죠. 한순간에 평안이 임합니다.

예수의 넓은 사랑을 어찌 다 말하랴 / 주 사랑 받은 사람만 그 사랑 알도다 (찬송가 85장)

그러므로 두려움이 몰려올 때 "자기 아들을 아끼지 아니하시고 우리 모든 사람을 위하여 내주신 이가 어찌 그 아들과 함께 모든 것을 우리에게 주시지 아니하겠느냐"(롬 8:32)는 말씀을 그대로 받고 믿으십시오. 그러면 찬송할 수밖에 없게 되죠.

"무슨 일을 만나든지 만사 형통하리라."

이 찬송가(384장)의 원문은 '우리가 세상을 살면서 무슨 일을 만나도, 예수 그리스도께서 모든 것을 잘 인도해 주실 것입니다'라는 뜻입니다. 이게 어떻게 가능하죠? 나를 향한 그분의 사랑을 믿으면 됩니다. 그럴 때 우리는 두려움에서 자유할 수 있습니다.

가끔 "목사님 어떻게 해야 할지 정말 모르겠어요. 이렇게 해야 할까요? 저렇게 해야 할까요?" 묻는 분들이 있습니다. 물론 대부분은 본인이 원하는 답을 미리 정해 놓고 오시죠. 그걸 알기에 저는 대부분 성경의 원리를 말씀드리고, 함께 기도한 후, 본인이 선택하도록 합니다. 그런데도 끝까지 제게 선택해 달라고 고집을 부리는 분이 계십니다. 그러면 저는 이렇게 대답합니다. "맘대로 하세요." 왜냐하면 저는 그리스도인은 무엇을 선택해도 된다고 정말로 믿습니다. 무책임해도 된다는 뜻이 아닙니다. 내 정욕대로가 아니라 하나님을 의식하고 그분을 사랑하는 마음으로 선택하면 된다는 의미입니다. 그러면 무엇을 선택하든 옳은 선택이 됩니다. 우리 하나님은 합력하여 선을 이루시는 여호와 라아, 목자이신 하나님이기 때문입니다. 하나님을 사랑하는 마음으로 선택하는 것은 어떤 것도 잘못된 선택이 아닙니다. 그리고 그 사실을 믿을 때, 우리는 두려움에서부터 자유할 수 있습니다.

갈등들에서 자유롭게 하시는 '여호와 라아'

셋째, 우리가 '여호와 라아, 목자 되신 하나님'을 믿는다는 것은 실제로 옆에 있는 다른 양들과의 갈등으로부터 자유롭게 된다는 것을 의미합니다. 우리 중에 예수를 잘 믿고 싶지 않은 분이 어디 있습니까? 그런데 실제로는 꽤 많은 분들이 마음의 상처, 모욕, 상한 감정 같은 쓴뿌리들로 인해 스스로 실족하고 시험에 들어 행복한 믿음 생활을 하지 못하는 것을 봅니다. 더 안타까운 것은, 그 상처를 주고받는 상대가 대체로 함께 신앙생활을 하는 믿는 사람이라는 거예요. 다윗도 자신을 책망하는 자는 원수가 아니라 "그는 곧 너로다 나의 동료, 나의 친구요 나의 가까운 친우로다"(시 55:13)고 했습니다.

맞습니다. 양 무리 중에도 희한한 양들이 있어요. 그들은 서로 비벼대고, 털이 엉키기도 하고, 상처를 덧나게도 하고, 옴과 같은 병을 옮기기도 합니다. 게다가 사탄이 기회를 노리고 있다가 인생의 여기저기에 '실족'이라는 올무를 놓고 다녀요. 주님도 "실족하게 하는 것이 없을 수는 없으나 그렇게 하게 하는 자에게는 화로다"(눅 17:1)라고 말씀하셨습니다. 인생에 실족케 하는 것이 당연히 있다는 겁니다.

실족하셨나요? 옆에 있는 양과 털이 엉키셨나요? 상처가 덧나셨나요? 그때는 '아, 내가 시험에 들었구나' 생각하고 빨리 시선을 그 엉킨 털에서 목자이신 그분에게로 돌리십시오. 그것이 지혜입니다.

엉킨 그 상황만 보면 해결법이 안 나옵니다. 우리는 누구든 나 중심적으로 상황을 보기 때문에 판단력이 흐릴 수밖에 없어요. 나 중심이 아니라 목자이신 그분의 눈으로 보면 해결법이 나옵니다. 상황이 아니라 그분을 바라보면 그분이 때론 눈빛으로, 때론 말씀으로, 때론 막대기로 툭툭 치면서 우리에게 말씀하세요. 저는 그것을 '말씀의 막대기, 말씀의 지팡이'라고 부릅니다. 하나님의 말씀의 막대기를 경험한 적 있습니까? 때론 내 사랑의 부족함을 지적하시며 "사랑으로 행하라" 하시고 때론 "선을 행하되 낙심하지 말지니 포기하지 아니하면 때가 이르매 거두리라" 하시며 때론 "나는 그들이 나를 배반하고 십자가에 내어준 것을 용서했다. 너도 용서하라"고 권면하시는 하나님의 말씀의 지팡이를 경험하시기 바랍니다.

"주님, 알죠. 그런데 잘 안 됩니다. 제 강퍅한 마음이 너무 힘드네요. 나는 하나도 잘못한 것 같지 않은데, 그걸 어떻게 그냥 용서합니까?" 여러분 이것이 바로 '견고한 진'입니다. 물론 처음에는 나를 보호하기 위해 세운 진이었을 겁니다. 하지만 어느덧 그것이 단단해지면, 하나님의 말씀도 못 들어오게 하고, 다른 사람의 권면도 못 들어오게 하며, 그것을 바르게 볼 수 있는 눈도 가려 버려요. 그때 목자이신 주님이 말씀의 막대기로 우리를 훈계하십니다.

수년 전 제자훈련을 진행하는데, 그날의 주제가 '말'이었습니다. 부부 싸움을 안 해본 분이 없을 겁니다. 부부 싸움할 때 우리는 본능적으로 압니다. 내가 어떤 말을 해야 저 사람에게 가장 큰 타격을 줄 수 있는지요. 평소엔 조심하다가 화가 나면 확 그 아픈 말이 나와 버리죠. 비단 부부 사이뿐이겠어요? 잘못된 말 한마디로 누군가의 영혼에 깊은 상처를 입힌 경험이 다들 있을 겁니다.

그날의 제자훈련 시간에도, 한참을 말에 대한 성경적 가르침을 나눈 후 "우리의 속사람을 말씀으로 채우고, 비판과 비난의 말보다는 소금 치듯 은혜로운 말을 하도록 합시다" 하면서 모임을 잘 마쳤습니다. 헤어지기 직전에 마지막으로 한 번 더 질문을 했습니다. "그런데 여러분, 우리가 그걸 다 아는데 혹시 이번 주일에 교회에 갔는데 나를 상처 주는 말로 공격하는 사람이 있으면 어떻게 해야 합니까?" 조금 전에 배운 말씀이 있으니 한참 만에 누군가 어렵게 말했습니다. "하~ 참아야죠." 모두 함박웃음을 지었습니다.

예수님의 황금률을 기억하십시오. 주는 "우리가 우리에게 죄 지은 자를 사하여 준 것같이 우리 죄를 사하여 주시옵고"(마

6:12)라고 기도하라고 가르치셨습니다. "너희가 사람의 잘못을 용서하면 너희 하늘 아버지께서도 너희 잘못을 용서하시려니와 너희가 사람의 잘못을 용서하지 아니하면 너희 아버지께서도 너희 잘못을 용서하지 아니하시리라"(마 6:14-15)고도 하셨습니다. 물론 우리도 할 말이 많습니다. 화도 나고, 몸도 떨리고, 욕도 나오고, 주먹으로 책상을 내리치거나 물건을 집어던지고 싶을 만큼 견디기 힘든 일이 있지요. 바로 그때 목자 되신 하나님, 여호와 라아께서 '지팡이의 말씀'과 '막대기의 말씀'으로 오셔서 "너희 원수를 사랑하며 너희를 박해하는 자를 위하여 기도하라"(마 5:44)고 하십니다. 그러면 할 말이 없습니다.

> 너희 안에 이 마음을 품으라 곧 그리스도 예수의 마음이니 그는 근본 하나님의 본체시나 하나님과 동등됨을 취할 것으로 여기지 아니하시고 오히려 자기를 비워 종의 형체를 가지사 사람들과 같이 되셨고 사람의 모양으로 나타나사 자기를 낮추시고 죽기까지 복종하셨으니 곧 십자가에 죽으심이라 I 빌 2:5-8 I

우리가 그분의 양이라면 결국 그 말씀 앞에 나를 내려놓게 됩니다. "예 알겠습니다." 그러면 순간 하늘의 평안이 나를 채워요. 목자 되신 하나님은 오늘도 당신의 지팡이와 막대기로 우리를 안위하시며, 그 말씀을 통해 옆에 있는 양들과의 갈등을 잠

재우십니다. 그러면 우리 안에 평안이 채워지며 그 평안을 누리게 됩니다. 그분은 우리를 '갈등'으로부터 자유롭게 하시는 '여호아 라아'이십니다.

해충으로부터 자유롭게 하시는 '여호아 라아'

우리가 하나님을 '목자 되신 하나님, 여호와 라아'로 믿는다는 것은, 넷째, 해충으로부터 자유롭게 하신다는 것을 믿는다는 의미입니다. 흥미롭죠? 케이 아더의 저서 《How Can I Live》에는 양을 공격하는 해충에 대해 적나라하게 묘사되어 있습니다. 조금 지저분하고 끔찍한 내용이지만 그분의 관찰을 그대로 인용하겠습니다.

"양들은 콧속에 들어온 파리 때문에 매우 고통을 겪습니다. 이것은 양의 코 점막 위에 알을 까려고 찾아다니는 파리입니다. 파리가 알을 까면 그 알들은 작은 애벌레로 자라나 마침내 코를 타고 올라가 양의 머릿속으로 들어갑니다. 그러면 양은 심한 자극을 받아 몸부림치고, 보이지 않는 몸속에서 일어나는 그 자극에 화가 나서 몸부림치고 자기 머리를 바위나 나무에 박으므로, 그 고통 중에서 자포자기하면서 목숨을 잃기도 합니다."

이 글을 사람에 적용하면 어떨까요? 온갖 잡다한 생각과 자극적인 죄악들에 시험 든 사람이 중독에 빠지고 죄를 범하여 고통스러워하는 모습을 떠올려 볼 수 있습니다. 우리의 원수 마귀는 우리 안에 계속해서 해충의 알, 그러니까 죄악된 생각을 집어넣습니다. 어떡하든지 우리를 그 올무에 묶고 죄악의 길에 빠지게 하죠. 악한 생각, 미움, 두려움, 증오, 무능력, 슬픔, 자괴감… 이것들이 원수 마귀가 집어넣은 해충입니다. 바로 그런 해로운 것들이 우리를 매일 괴롭혀서 평안을 누리지 못하게 합니다.

바로 그때 선한 목자 여호와 라아께서 우리에게 다가오셔서 "기름으로 내 머리"를 바르십니다. 당시 목자들이 사용한 기름은 아마유입니다. 목자가 아마유를 양의 머리와 코에 발라 주면 파리들이 코에 달려들지 못합니다. 그리고 옆에 있는 다른 양들에게서 오는 옴도 막아 줍니다. 나아가 다른 양들과 엉키지 않게 해줍니다.

그렇다면 목자가 양에게 바른 그 기름은 우리에게 무엇일까요? 두말할 필요가 없죠. 그것은 '성령의 기름 부음'입니다. 좀 더 구체적으로 말하면 '말씀의 기름'입니다. 우리의 무기는 오직 '말씀'입니다.

우리의 싸우는 무기는 육신에 속한 것이 아니요 오직 어떤 견고한 진도 무너뜨리는 하나님의 능력이라 모든 이론을 무너뜨리며 하나님 아는 것을 대적하여 높아진 것을 다 무너뜨리고 모든 생각을 사로잡아 사람은 교만해지기 쉬운 존재입니다. 조금 아는 것으로 악한 생각들과 맞서다가 넘어지는 게 사람입니다. 그때 하나님의 말씀이 우리의 생각을 사로잡아 그리스도 앞에 복종시켜 줍니다. 오늘도 마귀는 우리 안에 해충과도 같은 악한 생각을 계속 집어넣습니다. 그러나 걱정하지 마십시오. '나는 안 돼. 나는 약해. 나는 이 시험에서 결코 이길 수 없어' 하며 포기하지 마십시오. 다만 목자되신 그분께 나아가 아뢰고 의뢰하십시오.

"하나님, 제 마음이 강퍅합니다. 하나님 이 생각을 기뻐하지 않으신다는 것을 제가 압니다. 그런데도 제가 계속하네요. 목자이신 하나님, 저의 이 생각을, 저의 이 해충을 없애 주시옵소서. 저를 도와주시옵소서."

하나님은 우리의 기도를 들으시고 당신의 '말씀으로' 우리의 마음과 생각을 사로잡아 그리스도께 복종시키실 것입니다. 그러면 우리는 그분이 주시는 평안함 중에 거하는 양이 됩니다. 그런 의미에서 하나님은 해충으로부터 우리를 지켜 주시는 목자이십니다.

여호와는 나의 목자시니 그것으로 충분합니다

우리는 이번 장에서 '목자이신 하나님, 여호와 라아'를 묵상해 보았습니다. 목자가 양을 평안케 하고, 그래서 결국 우리를 푸른 초장에 눕도록 하는 네 가지 경험적인 조건들을 살펴보며 그분과 우리의 관계를 돌이켜 보았습니다. 양인 우리는 여호와 라아, 목자 되신 하나님이 채우시는 배부름, 만족을 경험해야 합니다. 그분으로 인해 두려움에서 벗어나는 것을 경험해야 합니다. 또 우리에게 일어날 수 있는 갈등들로부터 자유해야 합니다. 그리고 마지막으로 인생을 괴롭히는 여러 해충들로부터 보호받아야 합니다. 하나님은 우리에게 그런 은혜를 베풀기 원하시는 여호와 라아, 목자이십니다. 그 하나님이 나의 목자가 되면 다윗과 같은 고백을 하게 됩니다.

내 평생에 선하심과 인자하심이 반드시 나를 따르리니 내가 여호와의 집에 영원히 살리로다 | 시 23:6 |

여호와께서 나의 목자가 되어 주시기 때문에, 나는 이제 그분의 선하심과 인자하심을 넉넉히 경험하게 될 것이고, 그로 인해 영원히 그분의 집에 거하는 인생을 살 것입니다. 그러므로 우리가 할 일은 이것입니다.

내가 그분의 양이라는 사실을 인정하는 것입니다. 그리고 그분을 '목자'로 의지하며 사는 것입니다. 의지하는 척하는 걸 포기하고 정말로 그분의 양이 되어 그분께 나의 온 존재를 기대는 겁니다.

"하나님 저는 미련합니다. 고집스럽습니다. 자기 의에 가득 차 있습니다. 자존심 덩어리입니다. 인생에 대해서 아는 것도 없는데, 방향감각도 없는 주제에 제 맘대로 해보겠다고 나서곤 합니다. 그러나 목자 되신 하나님, 이제 제가 진정으로 당신을 의지합니다. 여호와 라아, 목자이신 하나님, 이제는 당신이 이끄시는 대로, 가르치시는 대로, 순종하며 따르겠습니다. 저를 인도하여 주시옵소서."

이렇게 내가 그분의 양임을 인정하고 목자이신 그분에게 온전히 내 인생을 의지할 때 그분의 약속이 현실이 됩니다.

내가 문이니 누구든지 나로 말미암아 들어가면 구원을 받고 또는 들어가며 나오며 꼴을 얻으리라 l 요 10:9 l

그게 다가 아니죠.

도둑이 오는 것은 도둑질하고 죽이고 멸망시키려는 것뿐이요 내가 온 것은 양으로 생명을 얻게 하고 더 풍성히 얻게 하려는 것이라 l 요 10:10 l

목자이신 그분은 양 된 우리로 하여금 '생명을 얻게 하시는 것'으로 책임이 끝이라 하지 않습니다. 그다음 '더 풍성히 얻게 하려는 것'까지 책임을 지십니다. 그분은 죄인 된 우리를 구원하여 새 생명을 주셨습니다. 하지만 거기서 멈추지 않아요. 그런 다음 그 생명을 더욱더 풍성히 누리도록 하십니다.

"나는 선한 목자라!" 그러므로 여러분, 그분의 직함을 듣는 것으로 끝나지 마십시오. 여호와 라아, 하나님의 그 이름에는, 직함이나 직위가 아니라 그분의 성품과 그로 인하여 우리가 얻게 되는 풍성한 관계와 유익함까지 담겨 있습니다. 따라서 우리가 그분의 양이 되는 순간, 그 엄청난 축복과 유익까지 다 우리의 것이 됩니다. 그러므로 구하십시오. 그리고 누리십시오.

그분은 선한 목자이시기에 나를 아십니다. 나의 이름만 아시는 것이 아니라, 내가 어디가 불편한지, 밥은 먹었는지, 털은 언제 깎아야 하는지 모든 형편과 처지를 아십니다. 그분은 나의 약함도, 안타까움도, 해충의 공격도 다 아십니다. 그리고 아는 것으로 끝나지 않으십니다. 나를 사랑하시고 채우시고 보호하시고 인도하시려 내게 다가오십니다. 여러분, 그분을 보십시오. 그분의 그 따뜻한 시선과 마주치십시오. 그분은 바로 여러분의 모든 것 되시는 '여호와 라아, 목자이신 하나님'이십니다.

미국의 어느 목사님이 다른 교회에서 설교 부탁을 받으셨습니다. 주보에 실을 제목을 알려 달라는 전화가 와서 'The Lord is my shepherd(여호와는 나의 목자시니)'라고 불러 주었습니다. 그러자 그 제목이 너무 평범하다고 생각했는지 "That's all?(그게 답니까?)" 하더래요. 목사님이 "That's enough(예, 그것으로 충분합니다)" 했습니다. 그런데 그 주일 설교하러 그 교회에 갔더니 주보에 이렇게 실려 있더랍니다.

"The Lord is my shepherd. That's enough."

인생길은 한 번도 가보지 않은 길이라 결코 쉽지 않습니다. 그 길에는 골짜기도 있고 험한 바위도 있습니다. 그러나 당신의 생명까지 내어주면서 나를 인도하시는 나의 목자 하나님이 계시므로 양 된 우리는 그분이 약속하신 풍성함을 누릴 수 있습니다. 참으로 "여호와는 나의 목자시니… 그것으로 충분합니다."

내가 믿고 또 의지함은 내 모든 형편 잘 아는 주님 / 늘 돌보아 주실 것을 나는 확실히 아네 (찬송가 310장)

에필로그

오래전 찰스 스펄전(Charles Haddon Spurgeon) 목사님은 하나님을 묵상할 때 우리가 얻게 되는 세 가지 유익을 이렇게 말씀하셨습니다.

"하나님을 묵상하는 일은 첫째, 우리를 '겸손'하게 해줍니다. 하나님이라는 주제는 너무나 광대하고 또 심오해서, 우리는 종종 그분의 광대하심 속에서 길을 잃고, 우리의 교만은 그분의 무한함 속에 잠겨 버립니다. 둘째, 하나님을 묵상하는 일은 우리의 '마음을 넓혀' 줍니다. 하나님에 대해 생각하는 사람은 좁은 지상의 일만을 가지고 씨름하는 사람보다 더 넓은 마음을 갖게 됩니다. '신성'이라는 위대한 주제를 진지하게 연구하고 조사하는 것보다 우리의 지성을 더 확장시켜 주는 것은 없습니다. 셋째, 또한 이 주제는 우리를 크게 '위로'해 줍니다. 하나님을 묵상하는 것에는 상처를 치유하는 치유제가 있습니다. 슬픔과 염려에서 해방되고 싶으십니까? 그렇다면 하나님의 깊디깊은 바다에 잠겨 보십시오. 하나님의 광대함에 몰두해 보십시오. 그러면 우리는 모두 새롭게 될 것입니다."

이번에 저는 '하나님의 이름'을 가지고 묵상하면서 스펄전 목사님의 말씀이 전적으로 옳다는 사실을 알게 되었습니다. 이즈음의 우리는 더 겸손하게 되었습니다. 그분을 알아 가면서 더 큰 기쁨과 놀라움 그리고 더 큰 은혜를 누리게 되었습니다. 그리고 특히 하나님의 성품과 우리를 대하시는 방식을 보며 더 큰 위로를 얻게 되었습니다. 더 흥분되는 것은 그분을 알아 가는 우리의 이 여정이 이것으로 끝이 아니라는 사실입니다. 우리 앞에 남겨진 믿음의 여정 중에도 우리는 그분을 더 많이 더 깊이 더 넓게 알아 갈 것입니다. 아니 우리의 이 가슴 벅찬 여정은 영원이라는 그분의 시간과 존재에서도, 영원히 계속될 것입니다.

제한된 지면을 이유로 아홉 개의 하나님 이름만을 선별하여 담을 수밖에 없었지만, 저는 설교자로서 갖게 된 이 영광스러운 특권으로 인하여 깊이 감사합니다. 늘 부족함을 느끼지만 저는 여전히 낙관적입니다. 왜냐하면 저의 이 투박한 몸짓은 광대하신 하나님을 알아 가는 우리의 여정에 하나의 징검다리에 불과하다는 것을 잘 알기 때문입니다. 그분의 광대하심이 이 책에 담긴 수많은 저의 부족함을 넉넉히 품어 주실 줄 믿습니다. 끝으로 구어체의 문장들을 책이라는 형식에 담을 때 생겨나는 불편함을 독자분들께서 혜량해 주시기를 부탁드리며, 이 영광스러운 작업을 우리 모두 영원히 계속해 나갈 수 있기를 기도합니다.

"하나님, 하나님의 영광스러움과 신비함을 우리에게 더 많이 보여 주시옵소서. 이를 위해 하늘의 지혜를 우리에게 더 나누어 주시옵소서. 그래서 이 여정을 통해, 우리의 하나님을 아는 지식의 넓이와 길이와 높이와 깊이가 더 확장되게 하여 주시옵소서. 결국 이 세상의 병거와 말과 마병들이 아니라, 하나님으로 배부르고 안전케 되는 복된 인생을 살게 하여 주시옵소서. 아멘."